Christian Chlupsa (Hrsg.)
Marketing mit allen Sinnen

Marketing mit allen Sinnen

Chancen der multisensualen Kundenkommunikation

Herausgegeben von
Christian Chlupsa

DE GRUYTER
OLDENBOURG

ISBN 978-3-11-070047-3
e-ISBN (PDF) 978-3-11-070053-4
e-ISBN (EPUB) 978-3-11-070059-6

Library of Congress Control Number: 2020938890

Bibliografische Information der Deutschen Nationalbibliothek
Die Deutsche Nationalbibliothek verzeichnet diese Publikation in der Deutschen
Nationalbibliografie; detaillierte bibliografische Daten sind im Internet über
http://dnb.dnb.de abrufbar.

© 2020 Walter de Gruyter GmbH, Berlin/Boston
Umschlaggestaltung: aldomurillo/gettyimages
Satz: le-tex publishing services GmbH, Leipzig
Druck und Bindung: CPI books GmbH, Leck

www.degruyter.com

Vorwort

Heute möchte ich Sie zu einem gemeinsamen Einkaufsbummel einladen und zwar nach Verona. Der Stadt von Romeo und Julia, der Arena di Verona und zahlreicher kulinarischer Genüsse. Eine Stadt voller Kultur, Musik, Liebe und Genuss. Bestimmt waren Sie schon einmal in Verona, wenn nicht, sollten Sie das bei Gelegenheit nachholen. Wir starten unseren Bummel, wie die meisten Besucher, an der Arena. Umrahmt von Cafés und Restaurants, bildet die Piazza rund um die Arena das Herzstück Veronas. Bereits hier umhüllt unsere Nase ein einzigartiges Geruchserlebnis von Pizza und Pasta. In unseren Ohren hören wir das klassische Geknatter der zahlreichen Vespa-Roller. Automatisch zieht es uns in die Via Giuseppe Mazzini, eine lange Einkaufsstraße mit alten klassischen Gebäuden. In dieser malerischen Umgebung führt unser Weg vorbei an liebevoll dekorierten Geschäften, kleinen Eisdielen und Cafés. Während unseres gesamten Weges umhüllt unsere Nase der Geruch von Espresso und Latte Macchiato. Am Ende der Via Giuseppe Mazzini treffen wir auf die Via Cappello und landen nach einem kurzen Abstecher am Balkon von Romeo und Julia auf der Piazza delle Erbe, einem Marktplatz mit buntem Treiben, einer Vielzahl von Lebensmitteln und Allerlei. Im Mazzanti nehmen die Einheimischen noch einen letzten Aperitivo mit ihren Kollegen, bevor sie zu ihren Familien in den Feierabend aufbrechen. Es umströmt uns ein multisensuales Erlebnis von Gerüchen, Geräuschen, Geschmäckern und nicht zuletzt eine wahrlich imposante Optik. Wenn Sie unseren kurzen, gemeinsamen Einkaufsbummel jetzt mit Ihrem letzten Einkauf in einer deutschen Kleinstadt vergleichen, dann wissen Sie eigentlich schon, was zu tun ist. Aber ein paar alte Steine aus früheren Tagen und ein bisschen Kaffeegeruch schaffen noch kein Einkaufserlebnis. Das Gesamtkonzept muss passen. Deshalb habe ich mich mit meinen Absolventen und Kollegen damit beschäftigt, wie wir unsere Sinne zielführend in Handel und Dienstleistung einsetzen können. Ich wünsche Ihnen viel Spaß in unserem Karussell der Sinne.

München, den 11. Mai 2020   Prof. Dr. Christian Chlupsa

https://doi.org/10.1515/9783110700534-201

Inhalt

Abbildungsverzeichnis

https://doi.org/10.1515/9783110700534-202

Tabellenverzeichnis

https://doi.org/10.1515/9783110700534-203

Einführung

Vor wenigen Wochen hat Timo F. Jahn eine interessante Diskussion auf Twitter entfacht: „Stellt euch vor, der digitale Kanal ist dicht". Interessant ist, dass Timo F. Jahn kein von Social Media genervter Marketingmanager der älteren Generation ist. Timo F. Jahn ist einer meiner Studierenden und das Sinnbild eines Hipsters: langer Bart, cooles Outfit und immer auf der Höhe der Zeit. In seinem Job ist er für Social Media zuständig. Auch die Marketingzeitschrift Horizont bestätigt diesen Trend. So werden in Deutschland beispielsweise 848 Milliarden E-Mails verschickt, die meisten davon landen ungelesen im Papierkorb. Die Inflation des digitalen Kanals führt mittlerweile dazu, dass Briefe wieder eine ganz neue Wertigkeit erhalten (Günther, 2019). Die Gedanken von Timo F. Jahn finde ich interessant, weil es mir bereits in den 1990er Jahren nicht logisch erschien, in Internet und richtige Welt zu unterteilen. Die Folgen dieser Geisteshaltung erleben wir heute in den „sozialen" Medien. Dennoch begehen wir denselben Fehler gerade wieder mit dem Überstrapazieren des Begriffs: ‚Digitalisierung'. Ob wir wollen oder nicht, das Internet und die Digitalisierung gehören zu unserem Leben. Aber, egal ob online, offline, digital oder analog, am Ende geht es immer um den Menschen.

Der Mensch, da war doch was? In den Goldgräberzeiten des Internets hofften Freaks auf unendlichen Reichtum, indem sie Kunden Produkte oder Dienstleistungen im Internet anboten. Das Lager der Internetpioniere spaltete sich in zwei Lager: Die Einen hielten die Konsumenten für dämlich und wollten mit Dauerwerbesendungen in Form von Bannern reich werden und die Anderen waren die Idealisten und wollten ihre zukünftigen Kunden über Content überzeugen, der zunächst kostenlos und später gegen Geld angeboten werden sollte. Wie wir wissen, sind letztlich beide Konzepte gescheitert. Am Ende wurden die Unternehmen groß und erfolgreich, die es geschafft hatten, ihr Angebot ganz nah an den Bedürfnissen ihrer Kunden auszurichten. So zum Beispiel Google, die einzige Suchmaschine, die von Anfang an auf Bannerwerbung verzichtet hat und ihr Geld über die eigentlichen Suchanfragen verdient. YouTube, das von Beginn an auf Bewegtbild gesetzt hat. Oder Netflix, das uns ein maßgeschneidertes Angebot auf Basis unserer bisherigen Filme und Serien liefert. Und natürlich Amazon, das es geschafft hat, ein komplettes Kaufhaus zu uns auf die Couch zu holen.

Die Frage, die wir uns heute stellen müssen, ist: Warum kaufen wir lieber im Kaufhaus auf der Couch als im Kaufhaus in der Stadt? Meine einfache Antwort ist: ‚Get shit done'. Wir alle haben endlose To-Do-Listen. Wenn früher unsere Druckerpatrone aus war, fuhren wir am darauffolgenden Wochenende zu Saturn oder Media Markt. Dort haben wir mit viel Glück unsere Nachfüllpatrone, nach ein bisschen Suchen und Schlangestehen, bekommen und dabei noch ein paar DVDs vom Wühltisch vor der Kasse mitgenommen. Die Vorteile von Amazon liegen auf der Hand. Das völlige Versagen eines kompletten Wirtschaftszweiges aber nicht.

Der Handel hatte sich seit den Nachkriegsjahren und dem darauffolgenden Wirtschaftswunder daran gewöhnt, dass die Menschen in ihre Läden strömten. Mal

https://doi.org/10.1515/9783110700534-001

mehr, mal weniger Kunden, aber immer genug. Da es jahrzehntelang keine wirklichen Schmerzen gab, stimmten alle in ein gemütliches weiter so ein. Man gewöhnte sich im Handel daran, den Kunden für dumm zu verkaufen und mit ein paar kleinen Tricks und Notlügen funktionierte der Einzelhandel in Deutschland gut. Klassische Antworten waren: „Das gibt es nicht", „So etwas braucht keiner", „Nach so etwas hat in 20 Jahren keiner gefragt", „Das gibt es nicht in dieser Farbe", „Leider nicht in Ihrer Größe", bis hin zu unverschämten Antworten wie: „Wir führen keine Elefantengrößen" oder „Das könnten Sie sich ohnehin nicht leisten". Lügen haben bekanntlich kurze Beine und so entlarvt das Internet diese Lügen heute in Millisekunden. In der digitalen Welt ist jeder „Deal" nur einen Mausklick entfernt. So kaufen Menschen nicht nur deshalb im Internet, weil es bequem ist, sondern weil sie jahrzehntelang vom Handel belogen, betrogen und teils gedemütigt wurden. Denken Sie nur an Kleidung in Übergrößen oder seltene Literatur.

Vor einigen Jahren beschäftigten wir uns im Rahmen einer Studie mit der Kundenbindung durch Erlebniswelten im Handel. Im Rahmen der Forschung führte eine Studentin zahlreiche Interviews mit vermeintlichen Experten in namhaften Handelsunternehmen. Das erschreckende Urteil: Ein Großteil hatte einen völligen Tunnelblick auf ihre Ware. Die Bedürfnisse des Kunden standen meist nicht im Mittelpunkt und Erlebniseinkauf wurde mit bunten Preisschildern gleichgesetzt (Loureiro 2015). Nicht das Internet schafft den stationären Handel ab, der Handel schafft sich ab!

Aber sind nun alle Händler Gauner und Schlitzohren mit schlechter Beratung und miesem Service? Natürlich nicht! Denn die Händler, die sich an den Bedürfnissen ihrer Kunden orientiert haben, merken auch heute wenig vom großen Ladensterben. Falls Sie einmal in Stuttgart sind, besuchen Sie auf jeden Fall das Kaufhaus Breuninger. Das bereits 1881 gegründete Kaufhaus ist für mich der Inbegriff von Kundenorientierung. So führte das Kaufhaus bereits 1959 die erste Kundenkarte in Deutschland ein (Breuninger, 2019). Neben zahlreichen Sitzmöglichkeiten finden sich über das gesamte Haus einige Cafés, Bars und Restaurants verteilt. Männer genießen vor allem das kleine Café am Rande der Damenschuhabteilung. Darüber hinaus können Kundinnen ihre Schuhe, auch ohne diese zu bezahlen, mit nach Hause nehmen, um die Neuerwerbung mit der gesamten Garderobe zu kombinieren. Die Kreditkarte wird erst belastet, falls die Damen die Schuhe auch wirklich behalten wollen. Ein einfacher, aber genialer Service. Denn Dinge, die wir einmal zu Hause haben, wollen wir nur sehr ungern wieder hergeben (Chlupsa, 2017). Oder nehmen wir das Kaufhaus Oberpollinger in München. Dort wurde extra ein Gebetsraum für die zunehmende Kundengruppe der arabischen Besucher geschaffen.

Kundenorientierung ist übrigens keine Frage der Größe. Wir haben beispielsweise einen kleinen Baumarkt bei uns um die Ecke ‚Pradler' in Garching bei München. Sie können gerne einmal selbst hinfahren. Dieser Baumarkt trotz mit ein paar Mitarbeitern umliegenden Wettbewerbern wie Hornbach und Bauhaus. Warum? Kundenorientierung! Ich bekomme nicht nur zu meinem Geburtstag und zu Weihnachten eine Karte mit einem Gutschein. Nach einem Besuch in unserem kleinen Baumarkt brauche ich kein YouTube-Tutorial und keinen zweiten Ausflug in ein anderes Geschäft. Ich bekomme alle Dinge, die ich brauche, und habe eine Lösung. Obendrein haben die Mitarbeiter neben einem guten Tipp auch immer noch ein Späßchen auf Lager.

Wir sehen, Kundenorientierung und der persönliche Kontakt sind elementare Vorteile für den stationären Handel. Ein Algorithmus kann mir Vorschläge auf Basis meiner bisherigen Suchen im Internet machen, kann mir aber keine Lösung vorschlagen, die ich noch nicht kenne oder von der ich nicht weiß, dass sie für mich interessant sein könnte.

Für erstklassige Kundenorientierung braucht ein Unternehmen herausragende Mitarbeiter. Wenn Ihre Mitarbeiter authentisch und zufrieden sind, werden langfristig auch Ihre Kunden zufrieden sein. Dies bedeutet Arbeit für das Management. Sicher können Mitarbeiter kurzfristig durch finanzielle Anreize oder Vertriebsaktionen motiviert werden. Langfristig gelten aber die Grundsätze des guten alten Unternehmertums: Nehmen Sie sich Zeit, hören Sie zu und erfüllen Sie Ihre Mitarbeiter mit Stolz, ein Teil Ihres Unternehmens zu sein.

Guter Kundenkontakt basiert zunächst auf Vertrauen. Ein wenig Vertrauen bekommen wir zu Beginn geschenkt, aber den größten Teil müssen wir uns über gute Beratung, erstklassige Problemlösungen sowie über großzügiges und kulantes Verhalten gegenüber dem Kunden erarbeiten. Deshalb müssen wir unserem Kunden immer wieder zuhören. Dies alles braucht Zeit – wertvolle Zeit – denn auch der Kunde investiert diese Zeit in uns und unser Unternehmen. Deshalb sollten wir den Kunden aus meiner Sicht als Gast sehen, uns Zeit nehmen, zuhören und uns darum kümmern, dass er sich wohlfühlt.

Abgesehen von einem direkten Kundenkontakt hat der Handel aber noch einen weiteren entscheidenden Vorteil. Ich kann die Ware gleich mitnehmen! Wer das Thema Mitnahme und Kunden für das eigene Unternehmen arbeiten lassen perfektioniert hat, ist Ikea. Menschen fahren zu Ikea, weil sie dort sofort eine Lösung bekommen, Dinge mit nach Hause nehmen können und einen Haken setzen können. ‚Get shit done' auf schwedisch! Und zur Belohnung bekommen wir noch einen Hot-Dog und natürlich das legendäre Softeis, ohne das mich meine Frau niemals zu Ikea bekommen würde. Und so sehen wir selbst bei Ikea den genialen Einsatz der Multisensualität und des Kundenerlebnisses. Denn ein Besuch bei Ikea ist eben mehr als nur Sperrholz und Dübel. Versüßt wird uns der Aufenthalt durch ein Restaurant voller Köttbullar, Hot-Dogs und Eis. Denn Ikea hat sehr früh erkannt, dass durstige oder hungrige Kunden schlechte Kunden sind.

Barry J. Davies sagt: „It is all about staging". In Anlehnung an die Event- und Erlebnisindustrie spricht er von ‚Staging'. Die Inszenierung und Dramaturgie spielen eine extrem wichtige Rolle im Umgang mit Kunden (Chlupsa, 2017; Davies und Ward 2002).

Da stellt sich die Frage, wann haben wir zuletzt über unseren Auftritt beim Kunden nachgedacht? Was ist die richtige Wohlfühltemperatur in unserem Unternehmen? Dies hängt natürlich davon ab, ob wir einen Baumarkt oder eine Praxis für Physiotherapie betreiben. Wie riecht es bei uns? Auch das differiert deutlich zwischen Fitnessstudio und Lebensmitteleinzelhandel. Welche Musik oder Geräusche nehmen die Kunden wahr? Können wir dem Kunden etwas zu trinken oder zu essen anbieten? Wie wirken wir eigentlich auf einen Außenstehenden?

Wenn Sie mich fragen, wie Sie erfolgreicher werden können, ist meine simple Antwort: Durch ein gut inszeniertes Einkaufserlebnis und dem gezielten Einsatz von Multisensualität.

Aus diesem Grund habe ich Ihnen einige herausragende Forschungen meiner Absolventen zusammengestellt, die Ihnen einige interessante, neue Ansätze bieten.

Im ersten Kapitel gibt uns *Lisa Behrens* einen ersten Eindruck über *Das Bild der Marke* und der subjektiven Wahrnehmung von Marken anhand der menschlichen fünf Sinne. Die Studie zeigt, wie wichtig die fünf Sinne für alle Unternehmen sind und dass es durchaus Sinn macht, über den gezielten Einsatz der Multisensualität im Kontakt mit den Kunden nachzudenken.

Das zweite Kapitel *Der Duft der Kaufentscheidung* von *Anne Henning* zeigt, wie Kunden auf den richtigen Geruch im Handel reagieren. Aufbauend auf den Erkenntnissen des ersten Kapitels, belegt die Forschung die Wichtigkeit der olfaktorischen Wahrnehmung im Kundenkontakt. Hierzu haben wir eine Boutique beduftet und waren erstaunt, welche Wirkung ein positiver Geruch im Textileinzelhandel entfalten kann.

Kapitel 3 zeigt aufbauend auf dem zweiten Kapitel die Möglichkeit des Einsatzes von Duft im Dienstleistungsbereich. In einer umfangreichen Untersuchung befasste sich *Lisa Maria Hindelang* mit dem Einsatz von Duft im Finanzdienstleistungssektor. So viel sei vorab verraten, die Studie *Mit Duft den Erfolg steigern* in Bezug auf den Einfluss von olfaktorischen Reizen in der Bankenbranche, hat all unsere Erwartungen völlig übertroffen. Ihre Forschung wurde im Anschluss mit dem 2. Platz des Karriere-Preises 2019 der DZ Bank Gruppe ausgezeichnet.

Die Forschung von *Jamila Sinnette* schließt unseren Ausflug in die Multisensualität mit einer interessanten Studie auf ganz großer Bühne. In Kapitel 4 beleuchtet sie mit ihrer Untersuchung *Durch Multisensualität mehr Erfolg im Einzelhandel* den aktuellen Einsatz der fünf Sinne zweier multinationaler Marktteilnehmer. In einer detaillierten Studie hat sie sich mit dem Einsatz von Multisensualität bei H&M und Scotch & Soda befasst. Auf Basis ihrer Forschung wird schnell klar: Wer sich mit dem sinnvollen Einsatz der fünf Sinne befasst, gehört zu den Gewinnern.

Lisa Behrens
Das Bild der Marken

Die subjektive Wahrnehmung von Marken anhand der menschlichen Sinne

https://doi.org/10.1515/9783110700534-002

1 Problemstellung und Zielsetzung der Untersuchung

Im täglichen Leben des Menschen sind Marken allgegenwärtig. Ein durchschnittlicher Mitteleuropäer hat jeden Tag etwa 10.000–13.000 Markenkontakte (Koch 2018). Bedingt durch die Vielzahl von Marken und ihren Markenbotschaften, ist es für Unternehmen unabdingbar, herauszustechen und sich zu differenzieren. Ein Unternehmen muss es schaffen, trotz der Vielzahl anderer Marken vom Konsumenten wahrgenommen zu werden. Lange Zeit herrschte in Theorie und Praxis der Irrglaube, dass es sich bei Kunden um bewusst und vernünftig agierende Konsumenten handelt. Das Bild des Homo oeconomicus, eines rational agierenden Menschen, der Entscheidungen aufgrund von objektiven Kosten-Nutzen-Analysen fällt, musste inzwischen aktuellen Forschungserkenntnissen weichen (Scheier & Held 2009). Hirnforschungen und Studien zeigen, dass der Großteil der Entscheidungen unbewusst gefällt wird (Kahnemann 2013). Die Sichtweise des emotional geprägten Menschen muss die des Homo oeconomicus ergänzen (Reimann & Weber 2011). Dies betrifft ebenfalls die Entscheidungen für oder gegen ein Produkt, beziehungsweise eine Marke (Hennings & Schmidt 2012). Aus diesem Grund ist es unabdingbar, die neurologischen Vorgänge im Gehirn zu kennen, um marketingspezifisch auf diese reagieren zu können. Produkte und Marken wirken über verschiedene Wahrnehmungskanäle auf den Menschen. Die Ansprache über die fünf wesentlichen Sinne Sehen, Hören, Riechen, Schmecken und Tasten bilden dabei einen Teil des Inputs, der im Gehirn weiterverarbeitet wird. Im Rahmen einer zunehmenden Informationsüberlastung ist es für Marken darüber hinaus zunehmend schwieriger, ihre Zielgruppen zu erreichen und von diesen wahrgenommen zu werden. Bei der herrschenden Informationsflut wirken nonverbale Reize in der Regel besser als sprachliche Reize. Sie erzielen implizite Wirkungen und können Emotionen hervorrufen und transportieren (Esch 2013). Forschungen haben gezeigt, dass 95 % der Kaufentscheidungen implizit gefällt werden (Scheier & Held 2009). Demnach hängt das Erleben von Marken unter anderem von nonverbalen Reizen und der multisensorischen Ansprache ab. Mit seiner Äußerung, dass das Marketing beim Kunden anfange und beim Kunden aufhöre zeigt Esch, dass ein Umdenken in der aktuellen Marketingpraxis erfolgen muss (2013). Wer Streuverluste im Marketing und Vertrieb reduzieren will, muss erkennen, welche Impulse den Kunden erreichen und darüber hinaus zum Kauf animieren (Elsen 2007). Wie die Erkenntnisse der Hirnforschung zeigen, reichen die klassischen Modelle der Markenpositionierung demnach nicht aus. Marken haben einen hohen Einfluss auf das Konsumentenverhalten und bilden demnach einen zentralen Faktor für den Unternehmenserfolg (Bruhn & Köhler 2010). Aus den marktbezogenen Herausforderungen ergibt sich die Relevanz für die Untersuchung. Sie soll weitere Erkenntnisse liefern und den Forschungsstand ergänzen. Sie beruht auf der zugrundeliegenden Forschungsfrage, ob sich Marken anhand der menschlichen Sinne in einem Modell positionieren lassen.

Die Zielsetzung dieser Studie bestand darin, die Funktionsweise des menschlichen Gehirns und die damit zusammenhängende subjektive Wahrnehmung zu verstehen um daraus markenrelevante Aspekte abzuleiten. Ergebnis der Studie ist die Übertragung der subjektiven Wahrnehmung von Marken in ein umfassendes Modell zur Markenpositionierung, welches neuroökonomische Erkenntnisse aus der Untersuchung mit einbezieht, sein. Auf diese Weise wird eine Lücke zwischen existierenden Markenmodellen und der Neuroökonomie geschlossen werden.

2 Theoretische Grundlagen

Ziel dieses Abschnitts ist es, ein Grundverständnis für Verarbeitungsprozesse im Gehirn herzustellen, um nachfolgend die empirischen Ergebnisse besser einschätzen und beurteilen zu können. Es geht darum, die biologische Natur neuroökonomischer Entscheidungen nachvollziehen zu können (Derouiche 2011).

2.1 Das menschliche Gehirn

Das Gehirn ist ein zentraler Motor des menschlichen Lebens und steuert nahezu alle Körperfunktionen. Es erlangt seine Leistungsfähigkeit durch Milliarden von Nervenzellen, die Informationen von einer Nervenzelle zur anderen transportieren und so menschliche Fähigkeiten wie Denken, Fühlen, Atmen und Wahrnehmen ermöglichen. Das Neuron stellt die funktionelle und strukturelle Grundeinheit der Informationsverarbeitung im menschlichen Gehirn dar (Derouiche 2011). Neurowissenschaftler sind der Auffassung, das Gehirn umfasse eine Vielfalt kognitiver, perzeptueller und volitionaler Fähigkeiten (Bennett & Hacker 2010) die das menschliche Leben bestimmen und beeinflussen. Das Gehirn lässt sich in verschiedene Bereiche und Areale untergliedern. Je nach Bereich werden verschiedene Aufgaben der Informationsweiterleitung übernommen. Die menschlichen Sinne bilden dabei eine wesentliche Quelle der Informationsaufnahme und -weiterleitung.

2.2 Die fünf Sinne

Zur Beschreibung der menschlichen Sinne bedarf es zunächst einer Betrachtung der Definition. Im Allgemeinen wird der Sinn als „Fähigkeit der Wahrnehmung und Empfindung" definiert, die in den Sinnesorganen ihren Sitz hat. Bereits Aristoteles unterschied die menschlichen Sinne in Gesichtssinn, Gehör, Geruch, Geschmack und Tastsinn (Dedrich, Jantzen, & Walthes, 2011). Die dazugehörigen Sinnesorgane sind die Augen, Ohren, Nase, Zunge und die Haut (Frings & Müller, 2014). Obwohl es in Literatur und Praxis, je nach wissenschaftlicher Blickrichtung, Uneinigkeit über die Anzahl der menschlichen Sinne gibt, werden für die vorliegende Untersuchung die fünf klassischen Sinne zugrunde gelegt, da diese fünf Sinne Bestandteil aller Modelle sind. Jegliche *neu* definierte Sinne, unabhängig des wissenschaftlichen Ursprungs, stehen der Definition Aristoteles insofern nach, „als dass ihnen keine Erkenntnistätigkeit, wie Sehen, Hören usw., und damit zusammenhängende Wahrnehmungsaktivitäten des Körpers zugerechnet werden können" (Dedrich, Jantzen, & Walthes 2011, S. 84).

Jegliche menschliche Aktionen und Reaktionen, wie Wahrnehmung, Emotionen, Denken und Handeln, entstehen nicht zufällig, sondern sind vielmehr das Ergebnis zellulärer Mechanismen im Gehirn (Raab, Gernsheimer, & Schindler 2013). Die menschlichen Sinne sind unabdingbar, um die Umwelt wahrzunehmen. Sie fungieren als Schnittstelle zwischen innen und außen, durch sie können Menschen die Umwelt aufnehmen und auf sie reagieren. Die Sinne dienen als Orientierung und sind auf „Gefahren weit besser eingestellt als auf die Erwartung sinnlicher Freuden" (Lindstrom 2011, S. 21). Evolutionsbedingt dienten die menschlichen Sinne als Schutzfunktion vor einstigen Gefahren und erfüllen bis heute diese grundlegende Funktion. Der Geruchsinn war früher maßgeblich relevant, um verdorbene Nahrungsmittel zu erkennen. Das Gehör diente dazu, herannahende Tiere frühzeitig wahrnehmen zu können. Über die Informationen, die die Sinne an das Gehirn weiterleiten, ist dieses in der Lage, Reaktionen zu veranlassen. Die Sinne dienen demnach als eine Art Treibstoff für das Gehirn (Dunn, 2010). Die fünf Sinne sind in ihrer Wertigkeit jedoch nicht alle gleich. Demnach nimmt der Mensch über die Augen etwa 83 %, über die Ohren etwa 11 %, über die Nase 3,5 %, über die Haut 1,5 % und nur 1 % der Umwelt über die Zunge wahr (Kilian & Brexendorf 2005; Steinhausen 2013).

Die Tabelle 1 zeigt eine Übersicht der Sinnessysteme mit dem entsprechenden Organ.

Tab. 1: Übersicht der Sinnessysteme (eigene Darstellung in Anlehnung an [Haus 2005, S. 15])

Sinneswahrnehmung	Sinnessystem	Sinnesorgan
Riechen	Olfaktorisch	Nase
Hören	Auditiv	Ohr
Schmecken	Gustatorisch	Mund
Sehen	Visuell	Auge
Fühlen	Haptisch	Haut, Hand

2.2.1 Riechen

Der Geruchssinn, in Medizin und Psychologie als olfaktorisch bezeichnet, gehört zusammen mit dem Geschmackssinn in die Gattung der chemischen Sinne, da mit ihnen chemische Reaktionen verbunden sind (Plattig 1987). Darüber hinaus kann der Geruchssinn als Fernsinn klassifiziert werden, da seine Sensoren bereits durch Duftquellen aus weiter Entfernung erregt werden. Der olfaktorische Sinn dient damit zugleich als Fernorientierung des Lebewesens im Raum (Plattig 1987). Er gehört zu den phylogenetisch ältesten Sinnen des Menschen (Albrecht & Wiesmann 2006). Geruchserlebnisse entstehen durch die Naseninhalation, das heißt, dass bei angehaltenem Atem kein Geruch entsteht (Dedrich, Jantzen, & Walthes 2011). Durch die chemische Reaktion mit Gerüchen wird es dem Gehirn möglich, die Gerüche einzuordnen und mit Erinnerungen abzugleichen. Demnach sind Gerüche sehr individuell und lösen unterschiedliche Empfindungen und Emotionen bei Menschen aus (Dunn 2010; Zimmer 2005). Anhand von Gerüchen und den damit verbundenen Erinnerungen ist es Menschen möglich, getätigte Erfahrungen erneut zu erleben oder sich an spezifische Situationen zurückzuerinnern. Damit erklärt sich auch die subjektive Bewertung der Gerüche. Der Geruchssinn alleine ist beim Menschen nicht so stark ausgeprägt wie andere Sinne und funktioniert häufig in Kombination mit anderen Sinnesorganen. So wird der Duft einer Frucht oft erst durch das gleichzeitige Sehen dieser Frucht eindeutig zugeordnet. In der Wissenschaft herrscht bislang Uneinigkeit darüber, inwieweit sich die Gerüche klassifizieren lassen. Laut Dedrich, Jantzen und Walthes (2011) kann der menschliche Geruchssinn sechs wesentliche Geruchsqualitäten differenzieren: blumig, faulig, fruchtig, würzig, brenzlig und harzig. Blumige Gerüche stehen dabei für angenehme Gerüche, die zwar nicht auf essbare Nahrungsmittel, wohl aber auf genießbare Luft hindeuten. Ein fauliger Geruch signalisiert verdorbene Nahrung, während fruchtige und würzige Gerüche essbare Nahrung signalisieren. Brenzlige und harzige Gerüche deuten auf chemische Veränderungen des Luftgemisches hin und dienen insbesondere der Orientierung- und Lokalisierungsfunktion, um nicht in Gefahrenstellen hineinzulaufen (Dedrich, Jantzen & Walthes 2011). Sowohl der Geruchsals auch der Geschmackssinn des Menschen weisen eine hohe Anpassungsfähigkeit auf, was dadurch bedingt ist, dass die Erregung des Reizes relativ schnell abschwächt (Zimmer 2005). Die Intensität nimmt demnach nach kurzer Zeit ab und man hat sich an den Geruch gewöhnt. In der heutigen Zeit ist eine wachsende Bedeutung der Gerüche und den damit verbundenen Emotionen zu verzeichnen, denn Parfums, Aromaöle, Raumdüfte, et cetera gewinnen an Bedeutung und unterhalten ganze Wirtschaftszweige. Riech- und Duftstoffe sind, wie andere Sinneseinflüsse, stark kulturell geprägt und haben innerhalb der verschiedenen Kulturen einen unterschiedlichen Stellenwert.

2.2.2 Hören

Das Hören wird laut Bibliographisches Institut als der auditive Sinn bezeichnet und meint „das Gehör betreffend". Das Hören von Luftschall ist der jüngste der menschlichen Sinne. Er hat sich erst vor etwa 200 Millionen Jahren entwickelt (Borst & Grothe 2011). Das Gehör des Menschen erlaubt es, hochkomplexe Informationen aus der Umwelt zu extrahieren und dem Gehirn zugänglich zu machen. Das Gehör hat einen wesentlichen Entwicklungsanteil an der Sprache und dessen Ausprägung. Laut Zenner (1997, S. 259) sind Hören und Sprechen „die wichtigsten Kommunikationsmittel des Menschen". Zugleich ist das Ohr das empfindlichste Sinnesorgan des Menschen (Zenner 1997). Neben der Funktion als Kommunikationsmittel dient das Gehör dazu, Entfernungen und Richtungen von Reizen zu lokalisieren (Dedrich, Jantzen & Walthes 2011). Das Gehör kann Geräusche, Musik, Klänge und Töne wahrnehmen und voneinander unterscheiden. Wie die anderen Sinnesorgane ist auch das Gehör eng an Erlerntes und Erfahrungen gekoppelt. Das menschliche Gehirn sammelt Erinnerungen darüber, welche Geräusche von welchen Gegenständen erzeugt werden und hilft dabei, diese immer wieder abzurufen und zu erkennen (Dunn 2010). Im Zusammenhang mit dem Gehör spielt auch die subjektive Wahrnehmung erneut eine wesentliche Rolle. So sind einige Menschen geräuschempfindlicher als andere und meiden beispielsweise laute Geräusche.

2.2.3 Schmecken

Der Geschmackssinn oder gustatorische Sinn ist der älteste der menschlichen Sinne und dient nach wie vor dem Überleben. Die wesentliche Aufgabe des Geschmacksinns besteht darin, die Qualität und Bekömmlichkeit der Nahrung zu prüfen (Frings & Müller 2014). Darüber hinaus löst der Geschmackssinn Verdauungsreflexe aus und hilft dabei, die Nahrung aufzuweichen. Durch die im Speichel enthaltenen Enzyme werden Nahrungsmittel im Mund bereits vorverdaut und aufgeweicht, sodass sie anschließend leichter geschluckt werden können (Frings & Müller 2014). Durch den Geschmackssinn ist der Mensch in der Lage, vier Geschmacksqualitäten zu erkennen, aus denen sich alle Geschmacksvarianten zusammensetzen (Dedrich, Jantzen & Walthes 2011). Der Geschmackssinn beruht auf chemischen Lösungen. Der Geschmack entsteht demnach dadurch, dass feste Nahrungsbestandteile durch den Speichel gelöst werden (Dedrich, Jantzen & Walthes 2011). Auch der Geschmackssinn wird durch Rezeptoren gesteuert, welche sich in Form von sogenannten Geschmacksknospen im gesamten Mund- und Rachenraum befinden. Für das Überleben der Individuen ist es unabdingbar, ausreichend Kohlenhydrate, Mineralien, Proteine und Aminosäuren zu sich zu nehmen, die den Körper mit spezifischen Stoffen versorgen. Das hat evolutionsbedingt dazu geführt, dass der Mensch mit dem Geschmackssinn diese Bestandteile zum einen herausschmecken kann, zum anderen aber auch die Aufnahme der relevanten Nahrungsmittelbestandteile gefördert wird. Durch den Verzehr von zucker- oder salzhaltigen Speisen werden Botenstoffe freigesetzt, die ein Lustgefühl, also eine Belohnung, auslösen und den Menschen so dazu verleiten, mehr und häufiger davon zu essen (Frings & Müller 2014). Auf diese Weise stellt der Körper beziehungsweise das Gehirn sicher, dass es mit ausreichenden Mengen dieser Nahrungsmittel versorgt wird. Saure und bittere Nahrung deuteten insbesondere in der frühen menschlichen Entwicklung meist auf verdorbene und giftige Nahrungsmittel hin, was zu einem Vermeidungsverhalten und somit zum Überleben beigetragen hat. Je nach Geschmack wird eine sekundenschnelle Reaktion hervorgerufen – herunterschlucken oder ausspucken. Diese Reaktion war und ist lebensnotwendig. Auch heute meiden die meisten Menschen saure und bittere Nahrungsmittel, was evolutionsbedingt ist. Der Geschmackssinn ist folglich heute noch auf die damaligen Lebenssituationen ausgerichtet, die von knappen Nahrungsmitteln und teilweise lang andauernden Hungerperioden geprägt waren. Wie die anderen Sinne ist der Geschmackssinn höchst subjektiv. Mit den verschiedenen Geschmacksrichtungen sind wiederum individuelle Erfahrungen und Empfindungen verbunden, die dazu führen, dass es unterschiedliche Geschmäcker gibt.

2.2.4 Sehen

Das Sehen und der damit einhergehende visuelle Verarbeitungskanal ist für den Menschen der wichtigste Sinn – über die Augen werden etwa 80 % der Informationen aus der Umwelt aufgenommen (Frings & Müller 2014). Dazu werden die Augen circa fünf Mal pro Sekunde bewegt (Lawrie 2011). Die Augen nehmen die Welt jedoch nicht so wahr, wie sie ist, sondern in Form von Schnappschüssen. Zwischen diesen einzelnen Informationen ist der Mensch im Prinzip blind. Das Auge nimmt pro Sekunde so viele Informationen wahr, wie sie 20 gedruckten Buchseiten entsprechen (Madeja 2014). Etwa 30 % der Großhirnrinde sind dafür zuständig, die Informationen des Sehsystems zu dekodieren und Handlungen daraus abzuleiten (Frings & Müller 2014). Das Sehen ist maßgeblich daran beteiligt, die aufgenommenen Informationen an das Gehirn weiterzuleiten, wo diese verarbeitet, eingeordnet und interpretiert werden, um anschließend eine Handlung hervorzurufen. Im Inneren des Auges, auf der Retina, befinden sich zwei Arten von Rezeptoren: Zum einen gibt es die Zäpfchen, die das Tagsehen mit der Unterscheidung von Farben ermöglichen; Zum anderen sind dort die Stäbchen angesiedelt, die das Sehen in der Dämmerung ermöglichen und Helligkeitsunterschiede feststellen (Dedrich, Jantzen & Walthes 2011). Das Gesehene wird im Gehirn mit Erinnerungen verknüpft, sodass Gegenstände, Personen, et cetera mit Wörtern und Namen in Verbindung gebracht werden. Im Gehirn entsteht also ein ganzheitliches Bild dessen, was wir erfahren. Wie beim Hören und Riechen gibt es auch hinsichtlich des Sehens subjektive Unterschiede zwischen den Individuen. Die einen sind empfindlicher gegenüber Helligkeit als andere und meiden starke Lichteinflüsse eher als andere Menschen. Wie viele visuelle Reize der Mensch benötigt, ist individuell unterschiedlich.

2.2.5 Fühlen

Beim Fühlen handelt es sich um einen Sinn, der in der Literatur häufig unterteilt wird. Seine verschiedenen Funktionen und Wahrnehmungsarten werden differenziert, sodass mehrere Sinne daraus entstehen, wie beispielsweise ein Tastsinn, ein Schmerzsinn, ein Berührungssinn und noch weitere. Aus diesem Grund wird auch zwischen dem haptischen, den Tastsinn betreffend, und dem kinästhetischen Sinn, die Tiefensensibilität betreffend, differenziert. Für die vorliegende Untersuchung wird das Fühlen als ganzheitlicher Sinn betrachtet und nicht weiter differenziert. Das Fühlen wird als Sinn häufig unterschätzt. In Wissenschaft und Praxis wird ihm eine eher untergeordnete Rolle zugeordnet. Jedoch bildet sich dieser Sinn in der embryonalen Entwicklung beim Menschen als erstes aus. Bereits im Mutterleib beginnt der Fötus zu fühlen, noch bevor er überhaupt auf die Welt kommt. Die Bedeutung des Fühlens konnte insbesondere bei Neugeborenen nachgewiesen werden. Kinder, die direkten Hautkontakt zu ihren Eltern hatten, wiesen eine höhere Überlebenschance auf, als Kinder, die keine Berührung erfuhren (Sengbusch 2015). Demnach hat der Tastsinn in der ontogenetischen Entwicklung des Menschen die erste lebenserhaltende Funktion, nämlich das Ertasten der Mutterbrust durch den Säugling. In den folgenden Entwicklungsphasen übernehmen zunehmend die Hände die Aufgaben des Fühlens (Dedrich, Jantzen & Walthes 2011). Das Fühlen ermöglicht es dem Menschen, Informationen aus der Umwelt aufzunehmen und zu verarbeiten. Das zum Fühlen gehörige Sinnesorgan ist die Haut. Über die Haut kann der Mensch Berührungen, Schmerzen, Temperaturen, Formen, Größen, Oberflächenbeschaffenheiten und vieles mehr wahrnehmen (Zimmer 2005; Guski 2000). Die Haut umhüllt den gesamten Körper und stellt so die Verbindung zwischen *innen* und *außen* dar. Sie hat verschiedene Funktionen, wie die Schutzfunktion, Regelung des Wärmehaushalts, Träger des Stoffwechsels, Atmungsorgan und eben Sinnesorgan (Zimmer 2005). Das Fühlen kann sowohl aktiv als auch passiv, beziehungsweise bewusst und unbewusst erfolgen. Der Mensch kann sein Sinnesorgan entweder bewusst einsetzen, um etwas zu erfahren, indem er beispielsweise einen Gegenstand abtastet oder er kann Reize wahrnehmen, die er nicht bewusst steuert, wie etwa eine zufällige Berührung durch eine andere Person.

2.3 Marken

Um die subjektive Wahrnehmung von Marken anhand der menschlichen Sinne bewerten zu können, bedarf es zunächst einer Betrachtung des Markenbegriffs.

2.3.1 Begriffsdefinition Marken

Der Markenbegriff wurde und wird in Theorie und Praxis häufig definiert. Je nach Blickrichtung und Anwendungsgebiet differenzieren sich die Definitionen. Christoph Burmann definiert die Marke als die Summe aller Vorstellungen, die ein Markenname oder Markenzeichen bei Kunden hervorruft, bzw. hervorrufen soll, um die Waren oder Dienstleistungen eines Unternehmens von denjenigen anderer Unternehmen zu unterscheiden (Burmann 2018). Die American Marketing Association (1995) definiert den Begriff brand als „Name, term, design, symbol, or any other feature that identifies one seller's good or service as distinct from those of other sellers". Demnach ist eine Marke ein physisches Kennzeichen für die Herkunft eines Artikels (Esch 2010). All diesen Definitionen ist gemein, dass Marken aktiv erstellt werden können, wovon sich nachfolgende Definition deutlich abhebt. Eine Gruppe aus Soziologen, Psychologen, Neurologen, Theologen und Marketing- und Kommunikationswissenschaftlern hat die Marke als ein Phänomen definiert, das im Gehirn des Menschen lokalisiert ist (Ahlert 2014). Laut Ahlert können Marken nicht gemacht werden, sondern sie entstehen durch sinnstiftende Vorgänge im Gehirn (2014). „Eine Marke ist etwas Psychologisches, etwas „Weiches", das sich nicht oder nur schwerlich in Formeln fassen lässt" (Scheier & Held 2009, S. 20). Eine Marke ist demnach nicht quantitativ, sondern psychologisch und wirkt indirekt. Diese Auffassung bildet die zentrale Sichtweise für die vorliegende Untersuchung und wird als zugrunde liegende Definition verwendet.

2.3.2 Marken in den Köpfen der Konsumenten

In Deutschland gibt es mehr als 500.000 registrierte Marken und mehr als 50.000 Marken, die beworben werden. Ein typischer Supermarkt umfasst mehr als 10.000 Produkte. Der Mensch ist täglich etwa 10.000–13.000 Werbebotschaften ausgesetzt (Koch, 2018). Marken können Beziehungen zum Konsumenten herstellen. Erfolgreiche Marken leben davon, dass sie es schaffen, über lange Zeit diese Beziehungen aufrechtzuerhalten und den Menschen auf diese Weise Sinn zu vermitteln (Schmid, 2014). Um jedoch herauszufinden, weshalb einige Marken erfolgreicher sind als andere, bedarf es einer Betrachtung der Markenwirkung. Eine Marke besteht nur zum Teil aus der Ratio, der andere Teil betrifft ihre sinnliche Wahrnehmung und zuvor die Gestaltung der Markenpersönlichkeit selbst (Westermann 2014). Die nachhaltige Kraft der Marken wird allein in den Köpfen der Konsumenten entfaltet, dort entwickeln sie eine besondere Anziehungskraft auf die Konsumenten (Hennings & Schmidt 2012). Starke Marken müssen die Menschen nicht argumentativ überzeugen oder überreden, sie ziehen sie einfach an (Scheier & Held 2009). Jüngste Forschungen auf dem Gebiet der Neurowissenschaften zeigen, dass implizite Vorgänge im Gehirn die Entscheidung für oder gegen eine Marke beeinflussen (Hennings & Schmidt 2012).

Betrachtet man die Definition des Begriffs *implizit*, steht dieser laut Bibliographisches Institut für „mit enthalten, mit gemeint, aber nicht ausdrücklich gesagt". Implizite Vorgänge im Gehirn meinen folglich Prozesse, die automatisch ablaufen und dem Menschen nicht bewusst sind. Kahneman (2013) hat in seiner Nobelpreis-Rede herausgearbeitet, dass es im menschlichen Gehirn zwei Systeme gibt. Das *System 1* wirkt wie ein Autopilot, es wirkt also implizit. Dieses System betrifft folglich die indirekten Wirkungen im Hintergrund, die dem Menschen nicht bewusst sind. Das *System 2* ist wie ein Pilot, der aktiv in das Geschehen eingreift und die Ergebnisse des Autopiloten hinterfragen will. Es überprüft die impliziten Vorgänge, analysiert Probleme und ist daran beteiligt, langfristige Pläne zu schmieden (Kahneman, 2013). Wissenschaftler nutzen anstelle des meist negativ besetzten Begriffs *unbewusst* vermehrt den Begriff *implizit*. Demnach aktivieren Marken und Produkte mit ihren physischen Eigenschaften automatisch eine mentale Ebene im Gehirn, die zwar bewusst sein kann, in den meisten Fällen jedoch implizit bleibt (Scheier, Held, Schneider & Bayas-Linke 2012). Das Geheimnis starker Marken ist im impliziten System lokalisiert, dem zur Entschlüsselung von Botschaften und Signalen nur wenige Sekunden reichen (Scheier & Held 2009).

Tests haben gezeigt, dass die Gehirnaktivität bereits sieben bis zehn Sekunden vor einer bewussten Entscheidung vorhersagt, welche Auswahl eine Person treffen wird. In dem Moment, in dem ein Mensch bewusst eine Entscheidung fällt, ist diese implizit schon getroffen (Haynes 2011). Der Autopilot ist demnach keine Theorie, sondern im täglichen Leben allgegenwärtig. Je nach Experte fällt das Gehirn zwischen 70 und 95 % aller Entscheidungen unbewusst (Kilian & Brexendorf 2005; Chlupsa 2011; Hennings & Schmidt 2012; Nölke 2010). Es übernimmt in verschiedenen Situationen die Führung, zum Beispiel dann, wenn Menschen unter Zeitdruck stehen, mit Informationen überlastet sind, wenig interessiert sind oder unsicher hinsichtlich einer Entscheidung sind (Scheier & Held 2009; Gutjahr & Naderer 2011; Chlupsa & Lean 2012). Das implizite System nutzt für die Entscheidung für oder gegen eine Marke zwei wesentliche Verarbeitungsschritte: Der erste ist die Dekodierung von Signalen und der zweite die Zuweisung von Belohnung. Wenn beides gegeben ist, wird im Gehirn der Impuls des „Haben Wollens" ausgelöst und eine Kaufentscheidung gefällt (Scheier & Held 2009, S. 47). Das ist der Grund, warum Untersuchungen mit dem Kernspintomographen eine Aktivierung des Belohnungssystems im Gehirn zeigen, sobald die Probanden bestimmte Marken gezeigt bekommen (Weber 2010; Herrmann & Stefanides 2010). „Marken, die wir mögen, lösen andere Gehirnaktivitäten aus als Marken, die wir nicht gut finden" (Esch & Möll 2010, S. 146). Starke Marken führen zu einer kortikalen Entlastung im Gehirn, das bedeutet, dass sich die Aktivität der Hirnareale, die zum Nachdenken anregen, reduziert und die Aktivität der Hirnareale, die intuitive Entscheidungen betreffen, erhöht (Esch 2013; Raab; Gernsheimer & Schindler 2013). In der Regel schafft das in einer Produktkategorie nur eine Marke (Kenning 2010; Thäsler, 2014). Das Prinzip der kortikalen Entlastung funktioniert jedoch nur bei der subjektiven Lieblingsmarke, es herrscht das „the winner takes it all"-Prinzip (Scheier & Held 2012, S. 30). Eine wesentliche Erkenntnis daraus ist, dass die Unternehmen darauf umstellen müssen, implizit wahrgenommen zu werden. Deshalb muss man auf Schlüsselreize und Lebensgefühle treffen. Dann klappt's mit dem Unterbewusstsein, so Chlupsa (2011). Marken müssen dabei nicht zwangsläufig etwas Neues schaffen, jedoch müssen sie es schaffen, die Vorstellungsbilder der Konsumenten zu treffen und vorhandene Verbindungen im Gehirn zu stärken (Ries & Trout 2001). Das Gehirn überprüft, ob die Informationen zu den vorhandenen Informationen und Erfahrungen passen. Nicht passende Informationen werden unter Umständen herausgefiltert (Ries & Trout, 2001). Scheier fasst zutreffend zusammen, dass die Marken, die nicht wahrgenommen werden, auch nicht wirken können (Scheier, Held, Schneider & Bayas-Linke 2012). Der einfachste Weg als Marke wahrgenommen zu werden, ist der, der Erste zu sein. Wenn diese Position bereits vergeben ist, wird es umso schwieriger, einen Platz in den Köpfen der Konsumenten zu etablieren (Ries & Trout 2001).

2.3.3 Markenmodelle

Seitdem es Marken gibt, gibt es auch das Marketing, jedoch hat sich dessen Bedeutung über die Jahre hinweg verändert. In Theorie und Praxis gibt es einige gängige Markenmodelle, die je nach Autor leicht unterschiedlich interpretiert und definiert werden. Ob es der Market-Based-View ist, der insbesondere in den 1960er Jahren vorherrschte, der sich daraus entwickelnde Resource-Based-View (Meffert, Burmann & Kirchgeorg 2008) oder der identitätsbasierte Markenansatz, all diese Modelle sind für die vorliegende Untersuchung nicht weitreichend genug. Dies soll anhand eines identitätsbasierten Ansatzes erläutert werden. Unternehmen stellen sich die Frage, wie sie ihre Marke auf dem Markt platzieren und wie sie gegenüber Konsumenten auftreten. Dazu wird die Markenidentität geschaffen, die zum Ausdruck bringt, wofür die Marke konkret stehen soll. Es handelt sich folglich um das Selbstbild der Marke, also das Bild aus Sicht des Unternehmens (Esch 2010). Dem gegenüber steht Markenimage, als Fremdbild der Marke, also die Betrachtung der Marke aus Sicht der Stakeholder.

Der Selbstbild-/Fremdbild-Ansatz stellt eine weit verbreitete Methode der identitätsbasierten Markenführung in der Marketingpraxis dar. Ein bekanntes und häufig verwendetes Modell ist das Markensteuerrad als Identitätsansatz. Der ursprünglich von Icon Added Value entwickelte Ansatz wurde von Esch weiterentwickelt. Das Markensteuerrad lässt sich grob in zwei Hälften unterteilen, wobei die linke Hälfte Fakten der Marke darstellt und die rechte Hälfte Gefühle und Emotionen, die man mit der Marke verbindet. Die Fakten der Marke werden durch den Markennutzen und die Markenattribute definiert. Die Gefühle lassen sich durch die Markentonalität und das Markenbild beschreiben (Esch 2010). Die Markenwahrnehmung seitens der Stakeholder können die Unternehmen nur bedingt beeinflussen. Anhand des Brandings soll die Marke über verschiedene, kongruente Elemente platziert werden. Dazu zählen der Markenname, das Markenzeichen und die Produkt- und Verpackungsgestaltung. Diese drei Elemente des magischen *Branding-Dreiecks* müssen ganzheitlich betrachtet und aufeinander abgestimmt sein (Esch 2010). Das Branding ist die Grundvoraussetzung dafür, eine Marke erfolgreich zu platzieren und so wahrnehmbar zu machen. Anhand des magischen Branding-Dreiecks wird deutlich, dass die Marke über mehrere Elemente vermittelt werden kann und muss. Der Markenwert liegt in erster Linie in den Gedächtnisstrukturen des Menschen begründet. Bei dem Gedanken an eine Marke hat der Mensch in der Regel gewisse Vorstellungen und Kenntnisse über diese Marke, also ein Markenschema. Dieses Schema erleichtert die Informationsaufnahme und stellt eine Verknüpfung zum semantischen Netzwerk dar (Esch 2010).

Alle bisher genannten Markenmodelle weisen eine hohe Praxistauglichkeit auf, gehen aber nicht weit genug. Einige der Modelle beziehen zwar die Konsumentensicht mit ein, diese beruht jedoch auf den von dem Unternehmen gesendeten Signalen. Darüber hinaus beschränken sich alle Markenmodelle auf visuelle und kommunikative Reize, wobei die anderen drei Sinnesreize außer Acht gelassen werden. Die multisensuale Gestaltung von Marken gewinnt jedoch zunehmend an Bedeutung (Esch 2010). Durch die Forschungsergebnisse der Neurowissenschaften rückt der Fokus zunehmend auf die multisensorische Markenführung. Der Begriff multisensorisch setzt sich aus den Begriffen *multi* und *sensorisch* zusammen und meint damit die Aufnahme mehrerer Sinnesempfindungen (Steinhausen 2013).

Neurowissenschaftler haben herausgefunden, dass nur noch 0,004 % aller Reize und Signale aus der Außenwelt tatsächlich ins Bewusstsein gelangen. Durch die Verteilung der Markenkommunikation auf mehrere Sinnesorgane ist es jedoch wahrscheinlicher, die Marke im Gehirn der Konsumenten platzieren zu können, da die Markenbotschaft über verschiedene Wege eher erreicht und bearbeitet wird (Kilian & Brexendorf 2005; Traindl 2010). Durch eine stimmige und ganzheitliche multisensuale Inszenierung der Marke wird eine optimale, neuropädagogische' Voraussetzung für Markenlernen geschaffen. Die Markenbotschaft hinterlässt so vielfältige bewusst verarbeitete Sinnesspuren (Traindl 2010). Durch eine Ansprache des Konsumenten über mehrere Sinne, ist dieser in der Lage die Eindrücke auf mehrere Sinneskanäle zu verteilen. Studien weisen eine höhere Erinnerungs- und Abrufbarkeit nach. Der Konsument ist auf diese Weise zudem in der Lage, die verschiedenen Sinneseindrücke zu einem Gesamterlebnis zu kumulieren (Steinhausen 2013). Das multisensorische Marketing zielt darauf ab, alle menschlichen Sinne anzusprechen, dadurch Emotionen zu wecken und so einen Kaufimpuls auszulösen (McGee 2014). Eine Ansprache der Konsumenten über alle Sinneskanäle kann jedoch auch hinderlich sein, da das Gehirn auf diese Weise mit Sinneseindrücken überfordert wird (Kiefer 2012). Für Unternehmen ist es erforderlich, die relevanten Sinne anzusprechen und sich auf diese Weise von den Wettbewerbern zu differenzieren.

2.3.4 Marken und Sinne

Ein Zitat, welches das nachfolgende Kapitel zutreffend zusammenfasst, ist das des englischen Philosophen David Hume (1711–1776) „Was in unserem Sinn ist, war vorher in unseren Sinnen". Dem zugrunde liegen die Prozesse der Sinneswahrnehmung. Der Begriff Wahrnehmung kann als Prozess der Informationsverarbeitung, durch den aufgenommene Umweltreize (Informationsaufnahme) entschlüsselt und gedeutet werden (Kirchgeorg 2011). Das Grundprinzip der Wahrnehmung beruht darauf, dass Umweltereignisse in Form von Reizen spezialisierte Sinnesrezeptoren erregen. Diese Erregung wird in Form von Aktionspotentialen über die Nervenbahnen geleitet. Über chemische und elektrische Signale wird die neuronale Kommunikation lokal und global gesteuert (Roth 2010). Die Sinnesorgane geben das Wahrgenommene zunächst neutral weiter. „In den sogenannten Assoziationszentren werden die in den primären Sinnesarealen wahrgenommenen Eindrücke einer ersten Deutung oder Verknüpfung unterzogen" (Elger 2013, S. 52). Die Sinneseindrücke werden zwar unbewusst wahrgenommen, haben aber einen wesentlichen Einfluss auf das Verhalten des Menschen (Müller 2012). Ein ganz wesentlicher Prozess der Wahrnehmung ist die Einbeziehung von Gedächtnisinhalten. Der Mensch nimmt zu 99 % das wahr, was in seinem Gedächtnis vorhanden ist, nur 1 % kommt neu über die Sinnesorgane hinzu (Amicia, Höfer & Röckenhaus 2013a,b). Von Geburt an entsteht bei jedem Menschen ein Erinnerungsmuster, das mit jeder neuen Wahrnehmung verändert und fortgeschrieben wird (Müller 2012). Die Wahrnehmung erfolgt indirekt. Jegliche Reize müssen in Signale übersetzt und vom Gehirn ausgewertet werden. Das Gehirn rekonstruiert aus diesen Signalen die Umwelt und erfindet sie im Kopf. „Nicht die Wirklichkeit selbst, sondern die Rekonstruktion der Wirklichkeit ist die Basis unserer Wahrnehmung" (Frings & Müller 2014, S. 282). Der Prozess der Wahrnehmung ist höchst subjektiv. Der Mensch baut sich aus den Reizen neuronale Netzwerke, die ein subjektives Bild der Wahrheit und Wirklichkeit ergeben. Dieses neuronale Netzwerk ist nicht stabil, sondern kann erweitert und gelöscht werden (Traindl 2010).

2.3.5 Wahrnehmung und Kultur

Die Wahrnehmung ist nicht nur individuell, sondern wird zudem durch die Kultur bestimmt, in der das Individuum lebt. Das Gehirn ist unter anderem darauf ausgerichtet, gemeinsam die Herausforderungen in einer Gruppe zu meistern und mit anderen Menschen koexistieren zu können. Das Gehirn ist folglich auf den sozialen Austausch ausgerichtet, wodurch sich erklären lässt, weshalb bei starken Marken die Bereiche im Gehirn aktiviert werden, die das soziale Zusammenleben steuern (Scheier & Held 2009). Die Kultur kann „als Übereinstimmung der Verhaltensmuster einer Vielzahl von Individuen verstanden werden. Diese Übereinstimmung ist auf größere soziale Einheiten wie Sprachgemeinschaften oder Länder übertragbar, sodass Kultur gesellschaftlich übereinstimmende Muster in Denken, Fühlen und Handeln umfasst, die sich in kollektiven Wertesystemen und Normen ausdrücken und innerhalb bestimmter Toleranzen zu einem weitgehend konformen Verhalten der Gesellschaftsmitglieder führen" (Kroeber-Riel & Weinberg 2003, S. 552 f.). Kulturelle Einflüsse prägen unbewusst das menschliche Verhalten und werden häufig erst durch den Vergleich mit anderen Kulturen bewusst und offensichtlich (Kroebel-Riel & Gröppel-Klein 2013). Zwischen den Kulturen gibt es verschiedene Intensitäten, mit denen die Sinne genutzt werden. Je älter die Kulturen sind, desto mehr Aufmerksamkeit wird auf die Sinne gelegt. Dieser Unterschied zwischen den Kulturen zeigt, dass die Aufmerksamkeit und Verwendung definiert, wie intensiv die Menschen die Sinne nutzen. Von den grundlegenden sinnlichen Anlagen verfügen alle Kulturkreise über die gleichen Sinne.

2.4 Forschungsleitende Annahmen

Bedingt durch die theoretische Herleitung und basierend auf der aufgestellten Forschungsfrage: *Lassen sich Marken anhand der menschlichen Sinne in einem Modell positionieren?*, werden die folgenden forschungsleitenden Annahmen getroffen:

Annahme 1: Die Marken unterscheiden sich in der subjektiven Wahrnehmung der Probanden
Die betrachteten Marken unterscheiden sich in ihrer aktuellen Markenpositionierung und ihrer Zielgruppe. Es ist davon auszugehen, dass die Marken auch von den Probanden unterschiedlich wahrgenommen werden.

Annahme 2: Je klarer eine Marke aktuell positioniert ist, desto eher wird sich diese grundlegende Positionierung auch in den nachfolgenden Testergebnissen wiederfinden
Die Positionierung von Adidas als Sportmarke oder die Exklusivität von Boss werden sich vermutlich durch die Zuweisung spezifischer Attribute in der Auswertung wiederfinden lassen. Es wird demnach davon ausgegangen, dass Adidas eher durch fruchtige und fröhliche Items beschrieben wird, während Boss durch Macht- und Power-bezogene Items charakterisiert wird. Esprit wird vermutlich ebenfalls durch fruchtige und frische Attribute beschrieben.

Annahme 3: Die übereinstimmende Zuordnung der Items in der Stichprobe ist abhängig vom Sinn
Bei einigen Sinnen wird man eine übereinstimmende Zuordnung zwischen den Probanden finden, bei anderen hingegen nicht. In Deutschland liegt der Fokus der Sinneswahrnehmung auf dem auditiven und visuellen Sinn, weshalb hier auch eine höhere Übereinstimmung zwischen den Items und der Markenzuordnung vermutet wird. Bei dem gustatorischen und taktilen Sinn könnte es eine mangelnde Übereinstimmung geben.

3 Forschungsmethodik und -Design

Der vorliegende Versuch ist als Mixed-Methods-Approach aufgebaut (Hussy, Schreier, & Echterhoff 2010), bei dem es sich generell um einen quantitativen Ansatz handelt, der jedoch um qualitative Elemente ergänzt wird. Basierend auf wissenschaftlichen Erkenntnissen wird ein neuer Ansatz des Markenbildes untersucht. Die Forschung bezieht sich überwiegend auf den deduktiven Vorgang, um vorhandene Theorien zu testen. Die Theorie der vorliegenden Untersuchung ist darin begründet, dass durch die

Sinneswahrnehmungen im menschlichen Gehirn Entscheidungen gefällt und Emotionen ausgelöst werden, die sich dann wiederum in einer Reaktion der Probanden zeigen. In diesem Fall ist es die Wahl eines spezifischen Attributes, um ein neues Markenbild zu beschreiben. Zwar sollen damit neue Erkenntnisse gewonnen werden, doch existieren die dahinterliegenden Modelle hinsichtlich der Wirkung von Sinneswahrnehmung und der neuronalen Verschaltung bereits.

3.1 Erhebungsdesign

Die zugrundeliegende Forschung diente der Ermittlung der Meinung von Kollektiven zur Generierung eines neuen Markenbildes der betrachteten Marken. Dazu werden zwar subjektive Eindrücke abgefragt, doch soll durch viele subjektive Wahrnehmungen ein allgemeines Wahrnehmungsbild erstellt werden. Zu diesem Zweck wäre es am besten, alle Mitglieder des Kollektivs zu befragen, was aus nachvollziehbaren Gründen jedoch nicht realisierbar ist. Ausgehend von der definierten Grundgesamtheit werden in empirischen Untersuchungen folglich Stichproben-Untersuchungen durchgeführt (Jacob & Eirmbter 2000). Die Grundgesamtheit für die nachfolgende Untersuchung bildet die Bevölkerung der Bundesrepublik Deutschland. Aufgrund der kulturellen Unterschiede konnten Personen, die nicht der deutschen Bevölkerung entstammen oder in Deutschland leben, nicht berücksichtigt werden. Da eine Befragung der Grundgesamtheit nicht möglich war, wurde die Stichprobe befragt. Die Stichprobe wurde so gewählt, dass sie die Quote der Grundgesamtheit widerspiegelt (Huber 2005). Die Quotenmerkmale für die vorliegende Untersuchung bilden das Alter und das Geschlecht. Es wurde eine Stichprobengröße von n = 100 Personen angestrebt.

3.2 Versuchsaufbau des Experiments

Um den wissenschaftlichen Anspruch an die Untersuchung zu erfüllen, folgt der zugrundeliegende Versuch einem standardisierten Aufbau. Dazu wurde ein Versuchsaufbau entwickelt, der eine identische Versuchsdurchführung an verschiedenen Orten ermöglichte. Um das zu gewährleisten, wurde eine Konstruktion gebaut, mit deren Hilfe es möglich war, die fünf Sinne parallel aufzubauen, aber dennoch einzeln zu betrachten. Dies ist insbesondere für die subjektive und spontane Zuordnung der Variablen durch die Probanden von hoher Bedeutung. Basis der Konstruktion bildete eine runde, drehbare Fläche, die durch Holzbretter in fünf Bereiche separiert werden konnte. Die Holzbretter dienen als optischer Sichtschutz zwischen den Sinnesdimensionen. Ein weiterer Vorteil der drehbaren Konstruktion bestand darin, dass der Proband während des gesamten Versuchs sitzenbleiben kann, so nicht durch äußere Faktoren beeinflusst wird und sich auf die Versuchsdurchführung konzentrieren kann. Neben dem generellen Versuchsaufbau folgte der Aufbau jeder einzelnen Sinnesdimension ebenfalls standardisierten Vorgaben. Alle Testvariablen, ausgenommen der visuellen Testbereiche, werden unkenntlich gemacht, damit die Probanden nicht bereits vor der Sinneserfahrung die Gegenstände erkennen und Erinnerungen hervorgerufen werden. Durch die jeweilige Fokussierung auf einen Sinneseindruck und die Eliminierung anderer Hinweise, können bei Probanden implizite Reaktionen hervorgerufen werden.

Riechen

Über den olfaktorischen Sinn kann der Mensch bis zu 10.000 unterschiedliche Düfte wahrnehmen und differenzieren (Bruhn, Esch & Langner 2009). Die Einteilung nach Dedrich, Jantzen und Walthes (2011) lässt sich in der Erforschung der Basiskategorien durch ein Team von US-Forschern wiederfinden und beschreibt die wesentlichen Geruchsqualitäten. Aus diesem Grund soll die Einteilung in blumig, faulig, fruchtig, würzig, brenzlig und harzig für die nachfolgende Untersuchung Anwendung finden. Da ein fauliger Geruch, evolutionsbedingt, in manchen Fällen einen Brechreiz auslösen kann, wird diese Geruchswahrnehmung von dem Versuch ausgeschlossen, sodass die fünf Kategorien blumig, fruchtig, würzig, brenzlig und harzig übrigbleiben. Um einen standardisierten Test durchführen zu können, wurde auf Duft- und Aroma-Produkte zurückgegriffen. Dadurch konnte gewährleistet werden, dass die Gerüche über den gesamten Versuchszeitraum in gleicher Weise und in der gleichen Intensität dufteten. Das Aroma des Apfels wird ausgewählt, da dieses insbesondere für einen fruchtigen Duft steht (Hatt & Dee 2012). Der blumige Duft umfasst die Blütendüfte frisch geschnittener Blumen (Legrum 2011). Charakteristisch für diese Geruchsdimension sind insbesondere Jasmin (Legrum 2011; Hatt & Dee 2012), aber auch Hyazinthe, Lavendel und Maiglöckchen (Legrum 2011; Lieury 2013). Aufgrund der Übereinstimmung verschiedener Quellen soll für den folgenden Versuch der Duft von Jasmin die Geruchsgruppe blumig repräsentieren. Ein würziger Geruch wird durch Nahrungsmittel wie Ingwer, Pfeffer, Zimt, Gewürznelke, Lorbeer oder Muskat ausgelöst (Lieury 2013). Für die zugrunde liegende Studie wird der würzige Geruch durch Zimt charakterisiert. Die olfaktorische Wahrnehmung eines brenzligen Geruches dient primär dazu, Gefahrenstellen zu erkennen und wird insbesondere durch Rauch symbolisiert. Um diese Geruchsdimension wahrnehmbar zu machen, wird ein Barbecue-Öl aus der Nahrungsmittelindustrie verwendet, welches in Form von natürlichem Flüssigrauch ein natürliches Raucharoma verspricht (Feuer & Glas 2010). Die Dimension harzig wird in der Literatur vor allem mit Räucherharz, Kiefern oder Zeder (Hatt & Dee 2012) in Verbindung gebracht. Für den dieser Studie zugrundeliegenden Versuch soll der Geruch der Zeder die Geruchsdimension harzig charakterisieren.

Die relevanten Duftstoffe wurden in fünf Milliliter umfassende, braune Fläschchen gefüllt. Durch die einheitlichen Fläschchen wurde sichergestellt, dass der Proband nicht durch optische Reize einen Hinweis auf die Duftrichtung bekommt und sich somit ausschließlich auf seine olfaktorische Wahrnehmung konzentrieren muss. Um die Duftproben den Ergebnissen zuordnen zu können, werden die Fläschchen mit den Zahlen 1, 2, 3, 4 und 5 versehen. Während des gesamten Erhebungszeitraums bleibt die Zuordnung identisch.

Hören

In der vorliegenden Forschung geht es darum, dass die Probanden eine subjektive Zuordnung vorgegebener Musik-Sequenzen zu einer Marke treffen sollen. Das Ziel besteht darin, dass durch die Zuordnung der Sinneseindrücke eine konsumentenorientierte Sichtweise dargestellt werden soll. Zu diesem Zweck musste darauf geachtet werden, dass keine Begriffe, Klänge, Bedeutungen, oder ähnliches verwendet wurden, die bereits im Zusammenhang mit einer Marke stehen. Aus diesem Grund wurden in dem nachfolgenden Versuch Musiksequenzen ausgewählt, die eine gewisse Stimmung vermitteln. Musik hat eine emotionale Wirkung (Kilian 2009), die bei den Probanden eine subjektive Gefühlslage und Stimmung hervorrufen (Salimpoor, Benovoy, Larcher, Dagher & Zatorre 2011). Die Wirkung von Musik auf den Gemütszustand kann als Kontrasteffekt, also als gezielte Veränderung der aktuellen Stimmung oder aber als Kongruenzeffekt, also als Unterstützung der aktuellen Stimmung dienen (Häußler 2010). Damit erfüllt die Musik die Anforderungen an das Testdesign, indem sie ermöglicht, dass die Probanden den Marken eine Stimmung zuordnen können. Für die Musikauswahl wurde zum einen auf eine Studie zurückgegriffen, die im Januar 2011 in dem Nature Neuroscience Journal veröffentlicht wurde (Salimpoor, Benovoy, Larcher, Dagher & Zatorre 2011) und zum anderen wurden ergänzende Musiktitel der fehlenden Kategorien aus anderen Quellen einbezogen. Die Studie aus dem Nature Neuroscience Journal hat eine ähnliche Wirkungsweise von Musik zu der von Drogen belegt. Dazu wurden den Probanden verschiedene Musikstücke vorgespielt und anhand eines Gehirnscanners die Wirkungsweise im Gehirn beobachtet (Waechter 2011). Aus den in der Studie verwendeten Musikstücken wurden zwei Musikstücke für das Experiment ausgewählt, die sich in ihrer Stimmung unterscheiden. Darüber hinaus wurden die weiteren Musikstücke frei ausgewählt. Sie sind den aktuellen Musiktrends angemessen. Die nachfolgende Untersuchung basiert auf Instrumentalversionen, damit die Probanden von Texten nicht beeinflusst werden. Für die Zuordnung der Musikstücke zu auslösenden Stimmungen wurde auf eine Untersuchung von Kate Hevner aus dem Jahr 1936 zurückgegriffen. In der Studie hat Hevner Musikstücken verschiedene Adjektive zugeordnet. Dazu hat Hevner Gruppen mit verschiedenen Adjektiven gebildet, anhand derer die Probanden die Adjektive auswählen konnten, die ihrer Meinung nach am besten zu den vorgespielten Musikstücken passten (Hevner 2012). Hevner verwendete dazu acht Wortgruppen, wie in Abbildung 1 dargestellt.

1	2	3	4
spiritual lofty awe-inspiring signified sacred solemn sober serious	pathetic doleful sad mournful tragic melancholy frustrated depressing gloomy heavy dark	dreamy yielding tender sentimental linging yearning pleading plaintive	lyrical leidurely satisfying serene tranquil quiet soothing

5	6	7	8
humorous playful whimsical fanciful quaint sprightly delicate light graceful	merry joyous gay happy cheerful bright	exhilarated soaring triumphant dramatic passionate sensational agiated exciting impetuous restless	vigorous robust empathic martial penderous majestiv exalting

Abb. 1: Wortgruppen mit Adjektiven (eigene Darstellung in Anlehnung an [Hevner 2012, S. 249])

Gruppe 1
fröhlich, lustig, heiter, bunt, lebensbejahend

Hey you
Nils Bergholz

Gruppe 2
düster, traurig, melancholisch, klagend, trübselig

Adagio for Strings
London Philharmonic Orchestra
& David Parry

Gruppe 3
dramatisch, erregend, lebhaft, aufregend, anregend, ansteigend,

Suliman
Infected Mushroom

Gruppe 4
kämpferisch, kriegerisch, majestätisch, kraftvoll

March to Noah's Arch
AudioHead

Gruppe 5
nachenklich, beruhigend, spirituell, gediegen, gedeckt

Herzschlag
Entspannungsmusik Wellness
Club

Abb. 2: Wortgruppen von Adjektiven mit Musikzuordnung (eigene Darstellung in Anlehnung an [Hevner 2012, S. 249])

Die Autorin greift auf die Verwendung von Wortgruppen zurück, um die Vielfältigkeit eines Musikstückes adäquat abbilden zu können. Ein Musikstück lässt sich nicht nur durch eins dieser Adjektive beschreiben, sondern kann beispielsweise sowohl fröhlich als auch lustig und heiter klingen. Um den Probanden und den sich aus den Musikstücken ergebenden Stimmungen gerecht zu werden, werden die Wortgruppen aus Abbildung 1 für die vorliegende Arbeit zu fünf Wortgruppen aggregiert und angepasst. Abbildung 2 zeigt die für die vorliegende Arbeit verwendeten Wortgruppen.

Die fünf Musikstücke wurden für den Versuch auf eine Sequenzlänge von 20 Sekunden geschnitten. Die verschiedenen Musikstücke wurden nummeriert, sodass der Proband keine Auskunft über den Titel des Musikstückes erhält. Darüber hinaus diente die Nummerierung auch in diesem Fall der anschließenden Zuordnung auf dem Erhebungsbogen und einer einheitlichen Reihenfolge während der gesamten Untersuchungsphase. Die Musiksequenzen werden den Probanden über einen iPod und Kopfhörer zugänglich gemacht, damit der Proband keinen weiteren externen Geräuscheinflüssen ausgesetzt ist.

Schmecken

Der Mensch ist in der Lage, fünf verschiedene Geschmacksrichtungen zu differenzieren: süß, sauer, bitter, salzig und umami (Frings & Müller 2014). Verschiedene Quellen nehmen eine einheitliche Zuordnung von Lebensmitteln zu den einzelnen Geschmacksrichtungen vor, auf die für den nachfolgenden Versuch zurückgegriffen wird. So wird ein saurer Geschmack insbesondere durch eine Zitrone definiert (Klaubert, Brennholt & Rekersdres 2014; Walter, 2011; Weiland, 2014). Ein süßer Geschmack wird in erster Linie mit Zucker, ein salziger Geschmack mit Salz in Verbindung gebracht (Weiland 2014; Klaubert, Brennholt & Rekersdres 2014; Walter 2011). Ein bitterer Geschmack ist im deutschen Kulturkreis schwieriger zu definieren. Einige Quellen sehen einen engen Bezug zu Kaffee oder Bitter Lemon (Weiland 2014). Der in Japan entdeckte Geschmack umami wird durch Parmesankäse hervorgerufen (Weiland 2014). Diese fünf Nahrungsmittel werden auch für den nachfolgenden Versuch eingesetzt.

Im Falle der gustatorischen Sinneswahrnehmung muss beachtet werden, dass diese eng mit der olfaktorischen Sinneswahrnehmung verbunden ist. Der olfaktorische Sinn sollte an dieser Stelle jedoch nicht ausgeschaltet werden, da auf diese Weise das natürliche Geschmackserlebnis des Probanden verfälscht geworden wäre (Roth 2010). Wichtig war es jedoch den visuellen Reiz auszuschalten, damit der Proband sich ausschließlich auf den gustatorischen Geschmack fokussieren konnte. Der gustatorische Reiz in Kombination mit dem visuellen Reiz könnte dazu führen, dass der Proband zu stark von dem visuellen Reiz beeinflusst und die implizite Reaktion des Probanden teilweise eingeschränkt wird. Aus diesem Grund wurde der Proband gebeten, für diesen Teilbereich des Versuchs eine Augenmaske aufzusetzen, wodurch der visuelle Reiz unterbunden wurde. Die Nahrungsmittelproben wurden in Einweggefäße mit einem Fassungsvermögen von zwei Zentilitern gefüllt.

Sehen

Das Erste, was in der Literatur mit dem menschlichen Sehen in Verbindung gebracht wird, sind Farben (Guski 2000; Dedrich, Jantzen & Walthes 2011; Frings & Müller 2014). Zudem können Farben bei dem Menschen implizit Stimmungen auslösen (Steincke 2007), was für den nachfolgenden Versuch eine geeignete Untersuchungsmethode darstellt und aus diesem Grund Anwendung findet. Die Zäpfchen im menschlichen Auge reagieren entweder auf blaue, rote oder gelbe Farbe besonders empfindlich. Aus wissenschaftlicher Sicht werden diese drei Farbbereiche dem Sehen als konstituierend zugeschrieben (Jung 1998) und darauf basierend als Grundfarben bezeichnet. Grundfarben haben die Besonderheit, dass sie „nicht zusammengesetzt und mithin nur durch sich selbst beschreibbar im Bewußtsein erlebt werden" (Jung 1998, S. 59). Die von Jung (1998) verwendeten Merkmale zur Definition einer Grundfarbe treffen darüber hinaus auch auf die Farben Schwarz und Weiß zu, da diese ebenfalls nicht zusammengesetzt und nur durch sich selbst beschreibbar sind. In Literatur und Praxis herrscht jedoch Uneinigkeit darüber, ob Schwarz und Weiß als klassische Farben bezeichnet werden können oder vielmehr erst im Kontrast zu bunten Farben als Farbe entstehen (Jung 1998). Für den nachfolgenden Versuch sollten die genannten Farben, also Blau, Gelb, Rot, Schwarz und Weiß aufgrund ihrer Definition als Grundfarben und der damit einhergehenden eindeutigen Wahrnehmung im Bewusstsein, Anwendung finden. Alle übrigen Farben können aus den beschriebenen Farben zusammengestellt werden. Daraus kann eine unterschiedliche Wahrnehmung seitens der Probanden, aber auch eine mögliche, abweichende Interpretation dieser Farben resultieren, weshalb diese in der nachfolgenden Untersuchung nicht weiter betrachtet wurden. In dem der Studie zugrundeliegenden Versuch werden standardisierte Farben in Form der Farbskalen verwendet, wie sie auch in der Werbetechnik oder im Malerbetrieb Anwendung finden.

Im Bereich der subjektiven Wahrnehmung durch visuelle Reize werden den Probanden die verschiedenen Farbtöne, also Rot, Gelb, Blau, Schwarz und Weiß, als Farbmuster vorgelegt. Dazu wurden die Farbdarstellungen der Farbskalen aus dem Malerbereich verwendet. In diesem Test wurden die Variablen nicht nummeriert.

Fühlen

Das Design von Produkten und Marken hat einen wesentlichen Einfluss auf die Kaufentscheidung des Konsumenten und hilft der Marke außerdem dabei, sich vom Wettbewerber zu differenzieren (Creusen & Schoormans 2005; Carbon & Jakesch 2012).

Dem Fühlen kommt eine wesentliche Funktion zu. Haptische Eindrücke helfen bei dem Verstehen der Umwelt und üben unbewusst einen starken Einfluss auf die menschliche Wahrnehmung aus. Der haptische Sinn ist der einzige Sinn, der aktiv eingesetzt werden kann, um ein Objekt zu erkunden und so mit ihm in physischen Kontakt zu kommen (Carbon & Jakesch 2012). Haptische Reize werden über das Material, also die Oberflächenbeschaffenheit, und die Form ermittelt (Meyer 2001). Insbesondere bei geschlossenen Augen vermitteln Textur und Konsistenz eines Produktes die Eigenschaften am Deutlichsten (Meyer 2001). Basierend auf dieser Erkenntnis müssen für den nachfolgenden Test Oberflächen ermittelt werden, die mit der Umgebung der Marken einhergehen. Laut Grunwald müssen die Produkteigenschaften mit den Assoziationen der Marke übereinstimmen, um allgemeine Assoziationsketten erstellen zu können (Grunwald 2014). Mit der Oberflächenbeschaffenheit werden verschiedene Bedeutungen ausgedrückt, die wiederum wichtig für die Kommunikation zwischen Marke und Rezipient sind. Durch die Anpassung der Oberfläche werden Ausdrucksqualitäten vermittelt, die bestimmte Assoziationen hervorrufen (Kerner & Duroy 1979; Koppelmann 1997). Je nach Haptik einer Oberfläche werden andere mentale Konzepte aktiviert, die wiederum Einfluss auf die Bewertung und Kaufbereitschaft haben (Scheier, Held, Schneider & Bayas-Linke 2012). Generell können viele verschiedene Oberflächenbeschaffenheiten differenziert werden, wie etwa rau, glatt, weich, hart, warm, kalt, elastisch, formbar, fest (Meyer 2001). Für die nachfolgende Untersuchung sollen fünf Kategorien verwendet werden, die durch die Textur am besten beschreibbar sind (Meyer 2001). Verschiedene Untersuchungen haben herausgefunden, dass weiche Gegenstände ein Gefühl der Behaglichkeit und Geborgenheit auslösen (Kiefer 2012), während harte und raue Gegenstände eher Robustheit symbolisieren. Der weiche Gegenstand wird durch Velours operationalisiert. Die harte und raue Oberfläche wird durch eine Strukturprägung charakterisiert. Weiches Leder wird mit Exklusivität und Hochwertigkeit assoziiert, während Holz für Natürlichkeit und Gediegenheit steht (Schmitz-Maibauer 1976). Als fünftes Item wird Leinen verwendet, ein für die Bekleidungsindustrie typischer Stoff.

Für die haptische Wahrnehmung wurde eine Blackbox nachgeahmt, die gewährleistete, dass die Probanden während der Sinneswahrnehmung keine visuellen Reize erfahren. Dazu wird ein schwarzes Tuch vor ein Feld der Konstruktion gehängt, welches oben und an den Seiten fixiert ist. Im unteren Bereich ist das Tuch an den Seiten nicht fixiert, sodass der Proband hinter das Tuch greifen kann. Hinter dem Tuch befanden sich fünf gleich große, flache Gegenstände mit unterschiedlichen Texturen. Die Gegenstände weisen eine identische Form auf, um irritierende Sinneseindrücke auf ein Minimum zu beschränken.

Die nachfolgende Abbildung 3 zeigt den Versuchsaufbau in der Übersicht.

Zusammenfassend zeigt die nachfolgende Tabelle 2 eine Übersicht, welche Ziffer zu welcher Sinnesvariablen gehört. Diese Zuordnung hat für alle Einzeltests Bestand.

Versuchsaufbau zum olfaktorischen Sinn

Versuchsaufbau zum auditiven Sinn

Versuchsaufbau zum gustatorischen Sinn

Versuchsaufbau zum visuellen Sinn

Versuchsaufbau zum haptischen Sinn

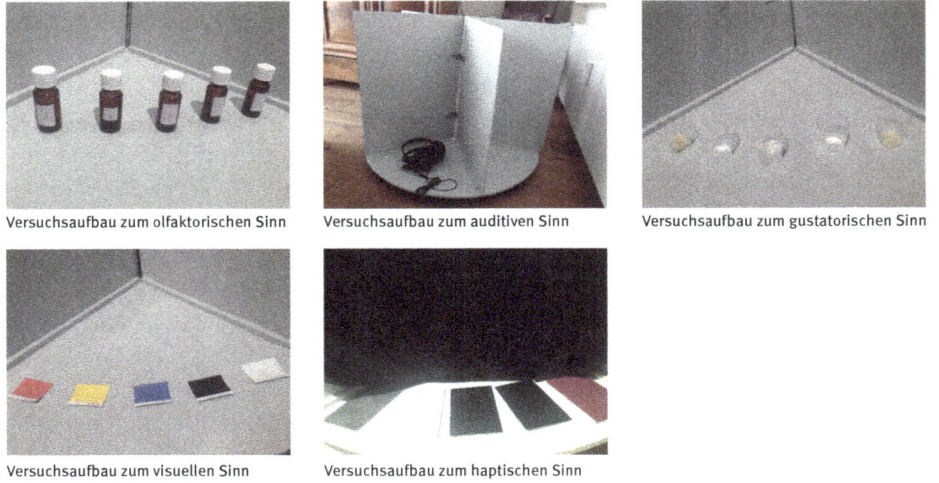

Abb. 3: Versuchsaufbau in der Übersicht (Behrens 2015)

Tab. 2: Nummerische Zuordnung der Sinneselemente (Behrens 2015)

	1	2	3	4	5
Riechen	Jasmin *blumig*	Apfel *fruchtig*	Zimt *würzig*	BBQ-Öl *brenzlig*	Zeder *harzig*
Hören	Hey you *Gruppe 1*	Adagio for Strings *Gruppe 2*	Suliman *Gruppe 3*	March to Noah's Arch *Gruppe 4*	Herzschlag *Gruppe 5*
Schmecken	Zitrone *sauer*	Zucker *süß*	Bitter Lemon *bitter*	Salz *salzig*	Parmesan *umami*
Sehen	Rot *Schöner Wohnen 02.006.02*	Gelb *Schöner Wohnen 02.001.01*	Blau *Schöner Wohnen 02.012.04*	Schwarz *Schöner Wohnen 02.018.06*	Weiß *Schöner Wohnen 02.027.01*
Fühlen	Velour *Behaglichkeit*	Holz *Natürlichkeit*	Strukturprägung *Robustheit*	Leder *Exklusivität*	Leinen *Textil*

Marken

Um die subjektive Wahrnehmung von Marken anhand der menschlichen Sinne untersuchen zu können, bedarf es Marken, die wesentliche Voraussetzungen erfüllen. Eine Voraussetzung besteht darin, dass die Marken eine möglichst hohe Bekanntheit haben, sodass davon ausgegangen werden kann, dass den Probanden die Marken geläufig sind. Zudem sollten die Marken aus einer Branchenkategorie stammen, die nicht zu stark an die Sinneseindrücke gekoppelt ist, damit nicht schon gewisse

Eigenschaften mit den jeweiligen Marken verbunden werden. Aus diesem Grund werden für die vorliegende Studie sechs Marken der Bekleidungsindustrie ausgewählt. Anhand der sechs Marken ist es möglich, einen Vergleich ihrer Positionierungen zu erstellen. Basierend auf der Anzahl wird deutlich, dass die Probanden ein Attribut auch mehreren Marken zuschreiben können. Für die Auswahl der Marken wurde auf eine Umfrage des Statistikportals statista.de zurückgegriffen, welche die bekanntesten Bekleidungsmarken in Deutschland im Jahr 2013 ermittelt hat (Statista 2014). Basierend auf den Ergebnissen dieser Umfrage wurden die folgenden Marken mit den entsprechenden Bekanntheitswerten für die Umfrage genutzt: Adidas (90,1 %), H&M (82,8 %), Puma (82,4 %), Boss/Hugo Boss (80,1 %), Esprit (75,9 %) und Nike (75,3 %) (Statista 2014). Die Marken werden den Probanden nur in Form des reinen Markennamens, in einer einheitlichen computerbasierten Schreibweise zur Verfügung gestellt, um die Probanden nicht durch die Farbschemata der Marken vorab zu beeinflussen.

3.3 Erhebungs- und Fragebogen

Neben dem eigentlichen Versuch war es erforderlich, die subjektive Wahrnehmungseinschätzung der Probanden für die anschließende Ergebnisauswertung festzuhalten. Dies erfolgte anhand eines Erhebungsbogens, den die Probanden während der Versuchsdurchführung ausfüllen mussten. Der Erhebungsbogen protokollierte, welche Sinnesvariable welcher Marke zugeordnet wurden. Darüber hinaus wurde der Erhebungsbogen um Fragen hinsichtlich der Markenbewertung ergänzt, sowie die Bewertungen der einzelnen Variablen abgefragt. Dieser Erweiterung lag die Überlegung zugrunde, dass Marken, zu denen der Proband eine positive Beziehung hat, auch eher mit subjektiv positiven Sinneseindrücken beschrieben werden. Daraus ergibt sich, dass der Erhebungsbogen gleichzeitig zum Fragebogen wird und demnach gewisse Qualitätsanforderungen erfüllen muss. Der Fragebogen ist so konstruiert, dass er den wissenschaftlichen Haupt- und Nebengütekriterien (Bühner 2011) entspricht.

4 Empirische Forschung

4.1 Versuchsdurchführung

Im Rahmen der Versuchsvorbereitung wurden die verschiedenen Items der Reihenfolge nach in der Konstruktion platziert. Die Reihenfolge musste eingehalten werden, um für allen Probanden den gleichen Ablauf gewährleisten zu können. Der Versuch wurde nach Möglichkeit an einem ruhigen Ort durchgeführt, an dem die Probanden einer geringen Anzahl an Störvariablen ausgesetzt waren. So konnten zwar die internen Störvariablen, wie die Stimmung und die Gefühlslage nicht ausgeschaltet werden, zumindest konnten aber die Umwelteinflüsse minimiert werden. Sobald der Proband vor der Konstruktion Platz genommen hatte, wurden ihm die ersten zwei Seiten des Erhebungs- und Fragebogens ausgehändigt. Die Seiten, die sich auf die Marken beziehen, bekam der Proband erst zum Versuchsbeginn, um nicht vorab schon zu wissen, um welche Marken es sich handelt. Die Erklärungen konnte er in Ruhe lesen. Fragen konnten im Vorfeld des Experiments geklärt werden. Während des Versuchs sollten keine weiteren Fragen oder Anmerkungen thematisiert werden, um den Versuchsablauf nicht zu unterbrechen und einen gleichen Informationsstand während aller Experimente zu gewährleisten. Der Versuchsleiter war demnach zwar die ganze Zeit anwesend, nahm aber eine passive Rolle ein und half dem Probanden nur bei dem Teilexperiment, bei der er eine Augenmaske tragen musste. Sobald der Proband signalisierte, dass er bereit für das Experiment ist, bekam er den Bogen mit den Marken ausgehändigt.

Die erste Sinnesdimension war das Riechen. Der Proband konnte die fünf Duftproben so häufig und so lange testen, wie er es für nötig hielt. Wenn der Proband eine der fünf Duftproben ausgewählt hatte, musste er seine Auswahl auf dem beiliegenden Erhebungsbogen festhalten und angeben, wie ihm der ausgewählte Duft gefallen hatte. Anschließend konnte der Proband zur zweiten Sinnesdimension, dem Hören, übergehen. Dazu wurde die Konstruktion im Uhrzeigersinn gedreht. Der Proband fand in dem zweiten Feld der Konstruktion einen Musikträger mit Kopfhörern, auf dem sich fünf Melodien à 20 Sekunden befanden. Diese konnte er so häufig hören, wie er mochte, um eine Entscheidung zu treffen. Auch diese Auswahl musste anschließend auf dem Erhebungs- und Fragebogen festgehalten werden. Die dritte Dimension war das Schmecken. Bevor der Proband die Konstruktion weiterdrehen durfte, musste er eine Augenmaske aufsetzen, um die Nahrungsmittel nicht vorab zu erkennen. An dieser Stelle half der Versuchsleiter bei der Durchführung. Dem Probanden wurden einzeln die fünf Gefäße mit dem Inhalt gereicht. Diese konnte er vorsichtig probieren. Sobald er sich für eine der Proben entschieden und diese in den Erhebungsbogen eingetragen hat, konnte er die Konstruktion weiterdrehen, um zur nächsten Sinnesdimension zu gelangen. Dazu durfte der Proband die Augenmaske wieder abnehmen. Die vierte Dimension war das Sehen. Vor dem Probanden lagen die fünf vorab definierten Farbmuster, von denen er eines auswählen muss. Auch diese Auswahl wurde wiederum auf dem Erhebungs- und Fragebogen festgehalten. Die letzte Dimension war das Fühlen. Mittels eines schwarzen Tuches wurde eine Blackbox simuliert, sodass der Proband nicht sehen konnte, welche Texturen sich hinter dem Tuch verbergen. Der Proband musste seitlich hinter das Tuch greifen, um die einzelnen Oberflächen tasten zu können. Nachdem der Proband eine Auswahl getroffen hat, wurde diese erneut auf dem Erhebungsbogen eingetragen und bewertet. Im Anschluss an die Versuchsdurführung wurde der Proband über den Hinweis auf dem Fragebogen gebeten, die Marke hinsichtlich der Markennutzung, Markenbewertung und des Kaufgrundes zu beurteilen.

Dieses Prozedere wurde für alle sechs Marken nacheinander durchgeführt. Dies hatte den Vorteil, dass sich der Proband immer nur auf eine Marke fokussieren musste. Darüber hinaus wurde durch die Bearbeitung deutlich, dass einzelne Items auch mehreren Marken zugeordnet werden konnten.

4.2 Pretest

Bevor die Felduntersuchung beginnen konnte, wurde das Experiment und der Erhebungs- und Fragebogen einem Pretest unterzogen. Für die vorliegende Untersuchung wurde der so genannte Standard-Pretest verwendet (Jacob & Eirmbter 2000).

Ergebnisse des Pretests

Experiment

Der Pretest hat gezeigt, dass das grundlegende Testdesign funktioniert und die Probanden zu Ergebnissen kommen. Des Weiteren wurde offensichtlich, dass ein Großteil der Pretest-Probanden kaum bis gar nicht zwischen den Marken Adidas, Puma und Nike unterscheiden. Dies zeigt sich neben den Rückmeldungen auch an einem hohen Kontingenzkoeffizienten, wie in Tabelle 3 dargestellt.

Tab. 3: Kontingenzkoeffizient zwischen den Marken Adidas, Puma und Nike (Behrens 2015)

	Value	Approx. Sig
Adidas – Puma	0,751	0,169
Adidas – Nike	0,781	0,029
Nike – Puma	0,751	0,476

Bei einem Kontingenzkoeffizienten zwischen 0,6 und 0,8 wird ein starker Zusammenhang zwischen den getesteten Variablen unterstellt (Michaelis 2011). Diese Marken sind alle dem Bereich der Sportbekleidung zuzuordnen und scheinen von den Probanden ähnlich wahrgenommen zu werden. Darüber hinaus zeigt sich H&M als nicht konsequente Marke, da sie einerseits dem günstigeren Preissegment zugeordnet werden kann, andererseits aber auch gelegentliche Aktionen mit Designern wie Karl Lagerfeld offeriert. Neben dem Problem der Wahrnehmung hat sich zudem gezeigt, dass einige Probanden bis zu 45 Minuten für das Experiment benötigt haben, weshalb die Anzahl der Marken reduziert wurde. Für das Experiment ergab sich daraus, dass für die Hauptuntersuchung nur drei Marken berücksichtigt wurden: Adidas, Esprit und Boss. Der grundlegende Versuchsaufbau bleibt dabei erhalten.

Fragebogen

Der Fragebogen wurde nach den Ergebnissen des Pretests ebenfalls einer Optimierung unterzogen. Dazu wurden in der Rubrik Beruf die Felder *Schüler* und *Student/Auszubildender* aggregiert und die Sparte um das Feld *Rentner* ergänzt. Des Weiteren wurde der Bereich der Markenbeurteilung optimiert, indem die Frage *Wie sehr mögen Sie die*

Marke? ergänzt wurde. Auch die Reihenfolge wurde verändert, sodass die letzte Frage übersprungen werden kann, falls ein Proband die Marke *nie* kauft.

4.3 Ergebnisse der Untersuchung

Die Untersuchung konnte mit 102 Probanden durchgeführt werden. Von den n = 102 Probanden waren 61 Probanden weiblich und 41 Probanden männlich. Das entspricht einem Anteil von 59,8 % weiblichen Probandinnen und 40,2 % männlichen Probanden. Von den 102 Probanden ließen sich 33 Probanden der Alterskategorie *18–29 Jahre* zuordnen, 28 der Kategorie *30–49 Jahre*, 23 der Alterskategorie *50–64 Jahre* und 18 der Alterskategorie *>65 Jahre*. Alle 102 Probanden haben angegeben, dass sie die deutsche Staatsangehörigkeit besitzen oder in Deutschland leben, was eine uneingeschränkte Verwendung der Daten erlaubt. Von den Ergebnissen hinsichtlich der Frage nach dem Familienstand können 101 von 102 Antworten ermittelt werden. 45 Probanden waren ledig (44,1 %), 37 Probanden waren verheiratet (36,3 %), sechs waren geschieden (5,9 %), drei Probanden waren verwitwet (2,9 %), neun Probanden lebten in einer eingetragenen Lebenspartnerschaft (8,8 %) und ein Proband hatte die Rubrik *Sonstiges* angekreuzt (1,0 %). Die Abbildung 4 zeigt in welchem Arbeitsverhältnis sich die Befragten befinden

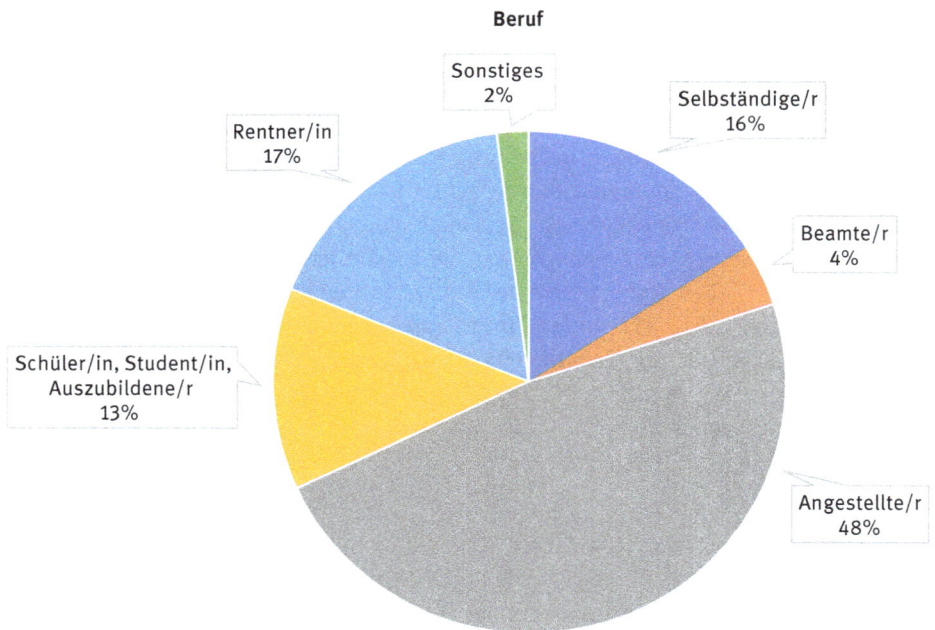

Abb. 4: Verteilung der Probanden nach Beruf (Behrens 2015)

Nachdem die allgemeinen charakterisierenden Merkmale ermittelt wurden, sollten die markenspezifischen Merkmale analysiert werden. Dazu wurden zunächst die einfachen Häufigkeiten betrachtet.

Adidas

Von den 102 Probanden haben alle angegeben, die Marke Adidas zu kennen, wodurch alle Daten verwendet werden konnten.

Die Abbildung 5 visualisiert die Ergebnisse der Häufigkeitsverteilung und stellt dar, wie viel Prozent der Befragten welches Item gewählt haben.

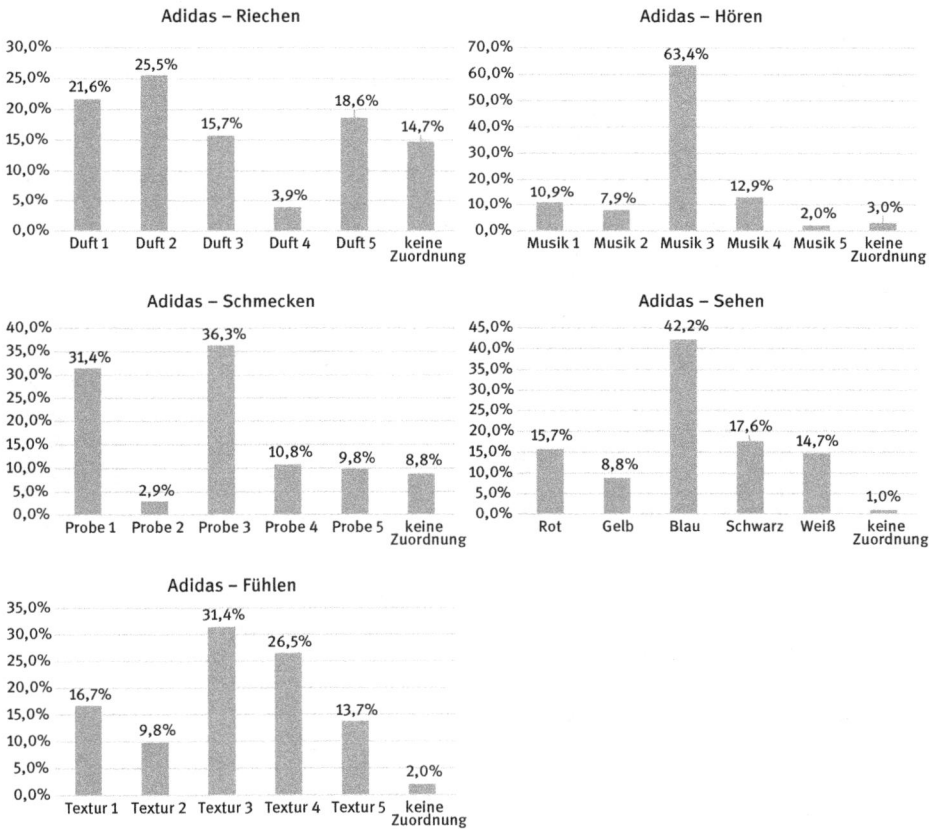

Abb. 5: Häufigkeitsverteilung zur Marke Adidas (Behrens 2015)

Boss

Von den 102 befragten Probanden hatte ein Proband angegeben, die Marke Boss nicht zu kennen, weshalb dieser Proband die weiteren Fragen zu der Marke überspringen musste. Demnach sind 101 Antworten gültig. Die Abbildung 6 stellt die Ergebnisse der Häufigkeitsverteilung dar.

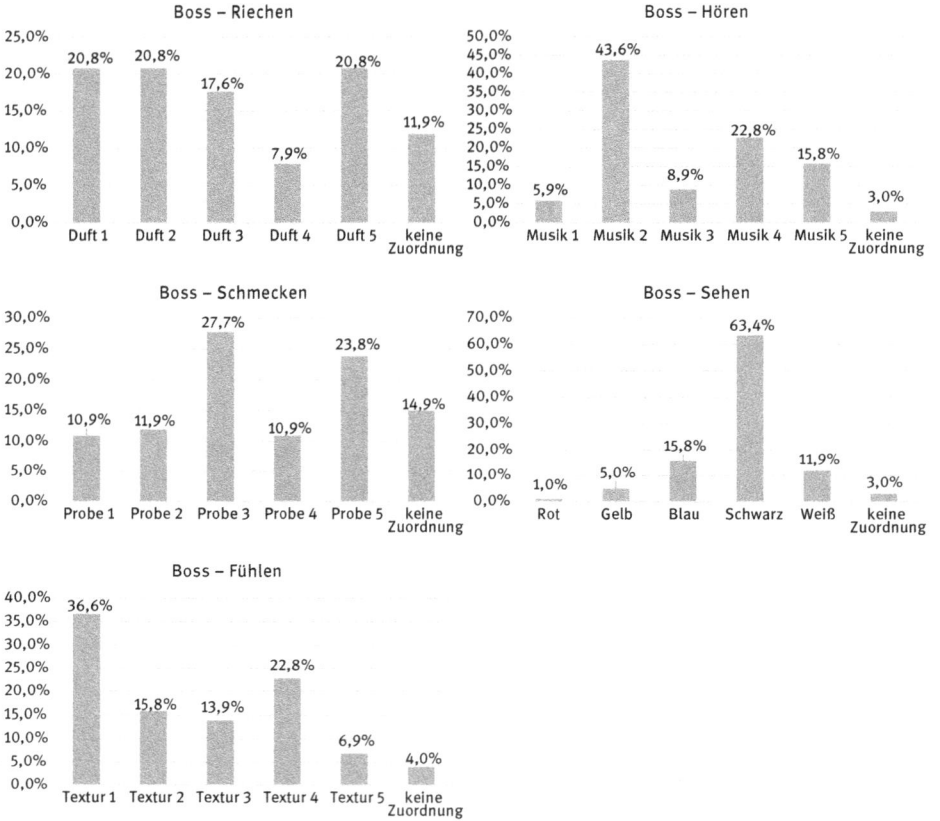

Abb. 6: Häufigkeitsverteilung zur Marke Boss (Behrens 2015)

Esprit

101 von 102 Probanden haben angegeben die Marke Esprit zu kennen.

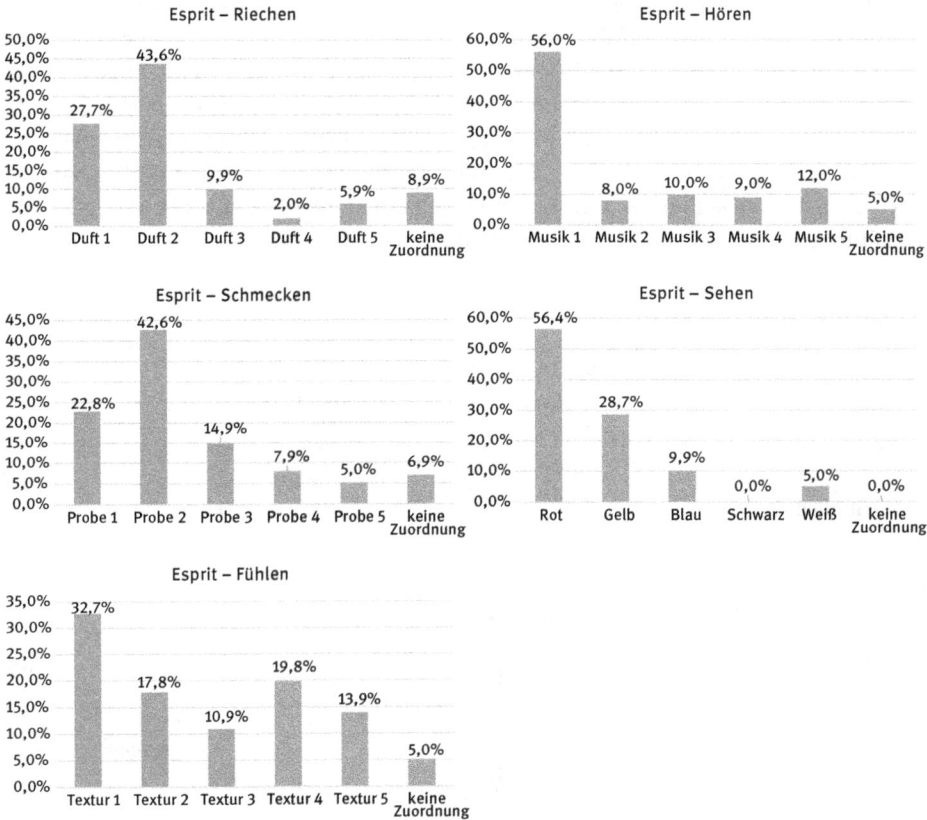

Abb. 7: Häufigkeitsverteilung zur Marke Esprit (Behrens 2015)

4.4 Das Bild der Marken

Adidas

Adidas hat sich national wie international als Sportmarke positioniert. Als führendes Unternehmen ist Adidas in verschiedenen Sportbereichen vertreten (Adidas Group 2014). Einst ein Schuhanbieter, bietet Adidas heute ein umfangreiches Produktsortiment und gilt in vielen Bereichen als Lifestyle-Marke, die auch außerhalb des Sportsegments Anerkennung findet.

Die Ergebnisse zeigen, dass die subjektive Wahrnehmung der Probanden größtenteils mit der strategischen Positionierung der Marke Adidas übereinstimmt. Adidas will mit seinen Produkten eine junge Zielgruppe bis 29 Jahre ansprechen. Auffällig ist jedoch, dass die beschriebene subjektive Wahrnehmung der Marke Adidas über alle Altersgruppen hinweg erfolgt. Darüber hinaus haben die Ergebnisse gezeigt, dass Adidas auch von vielen älteren Personen genutzt wird, die nicht zu der angestrebten Zielgruppe gehören. Bezugnehmend auf die farbliche Zuordnung seitens der Probanden gibt es eine hohe Diskrepanz zu der aktuellen farblichen Positionierung der Marke. Während die Farbe *Schwarz* von Adidas verwendet wird, ordnen die Probanden der Marke die Farbe *Blau* zu. Daraus ergibt sich ein nicht kohärentes Markenbild. Die Abbildung 8 zeigt das subjektive Bild der Marke Adidas.

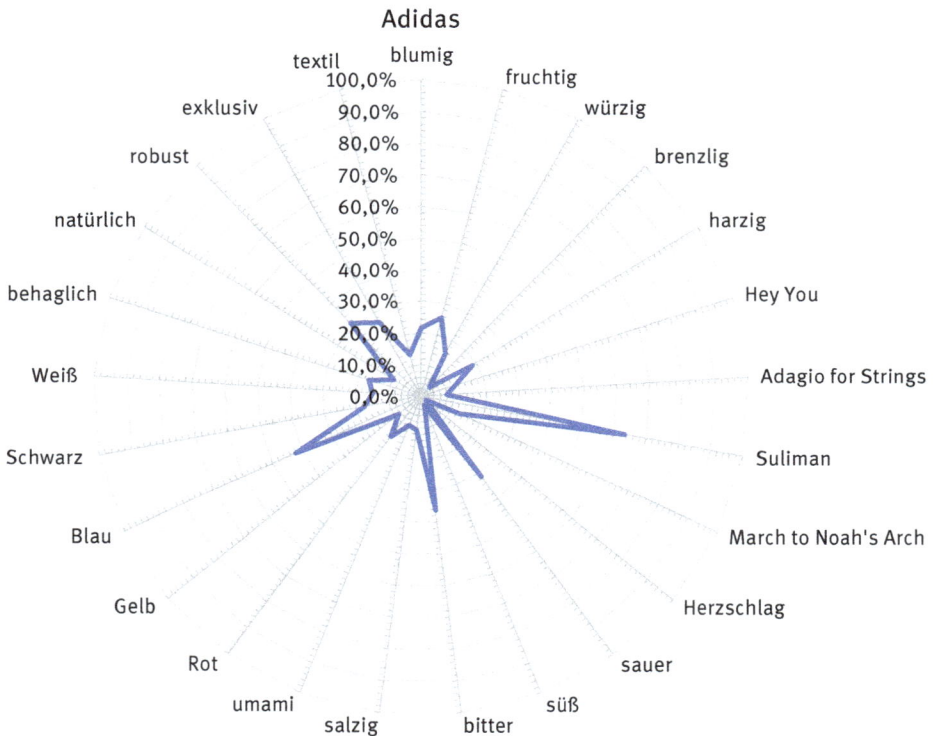

Abb. 8: Netzdiagramm der Marke Adidas (Behrens 2015)

Boss

Die Marke Boss ist im Premium- bis Luxussegment angesiedelt. Die Marke zeigt sich in klassischem Schwarz und ist „modern sophisticated" positioniert. Boss ist die Kernmarke des Mehrmarkenunternehmens und vertreibt hochwertige Damen- und Herrenbekleidung sowie Schuhe und Lederaccessoires (Hugo Boss 2013).

Boss

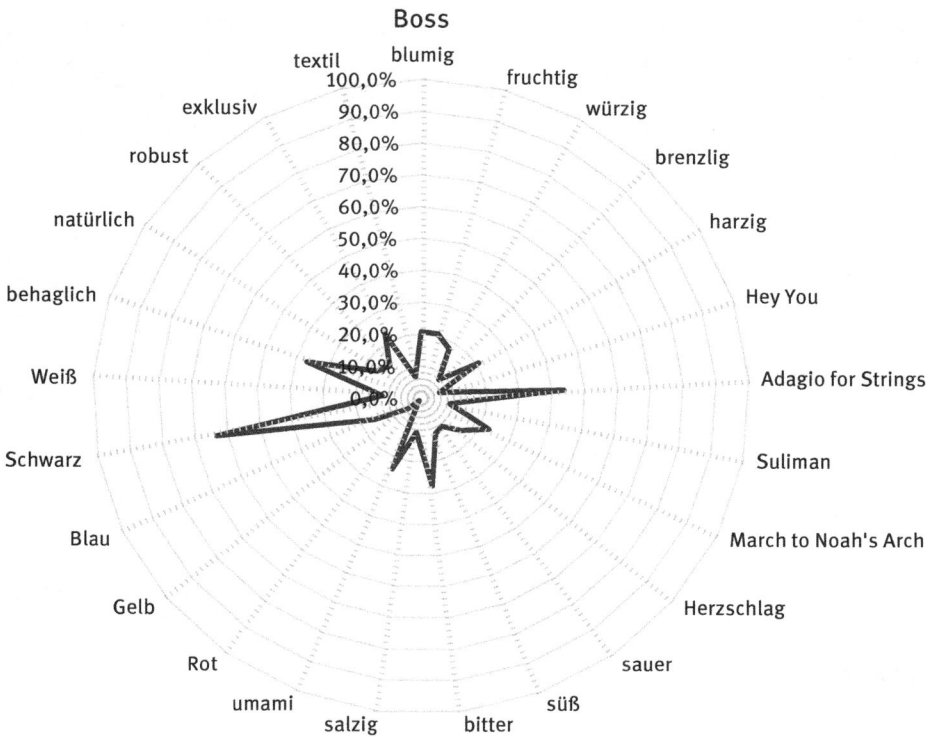

Abb. 9: Netzdiagramm der Marke Boss (Behrens 2015)

Vergleicht man die subjektive Wahrnehmung der Probanden mit der tatsächlichen Markenpositionierung Boss', ist eine hohe Übereinstimmung festzustellen. Die Abbildung 9 zeigt das subjektive Bild der Marke Boss seitens der Probanden.

Esprit

Esprit ist eine internationale Modemarke, die stilvolle Mode in höchster Qualität anbietet. Die Marke steht für Kreativität und bewusstes Handeln. Die Markenphilosophie, gekennzeichnet durch Leichtigkeit und Unbeschwertheit, soll sich auch in der Mode wiederfinden. Esprit offeriert Produkte für Damen, Herren und Kinder für verschiedene Situationen. Moderne, elegante, klassische und legere Kleidung gehören zum Produktportfolio der Marke (Esprit 2014).

Bei der Wahrnehmung der Marken konnte Esprit die eindeutigsten Ergebnisse erzielen. Auffällig ist die positiv besetzte Wahrnehmung der Marke über alle Dimensionen hinweg. Die Farbe *Rot* wird zwar mit der Marke in Verbindung gebracht, jedoch scheint die Farbe nicht adäquat zur Marke zu passen. *Rot* steht für Aggressivität, Liebe, Erotik aber auch Gefahr. Die Farbe *Gelb* passt hingegen eher zu den anderen Wahrnehmungsdimensionen und würde die Marke konsequenter positionieren. Das generelle wahrgenommene Markenbild lässt sich jedoch mit dem existierenden Markenbild vergleichen. Die Markenphilosophie von Esprit ist gekennzeichnet durch Leichtigkeit und Unbeschwertheit (Esprit 2014). Die Abbildung 10 zeigt die subjektive Wahrnehmung Esprits durch die Probanden.

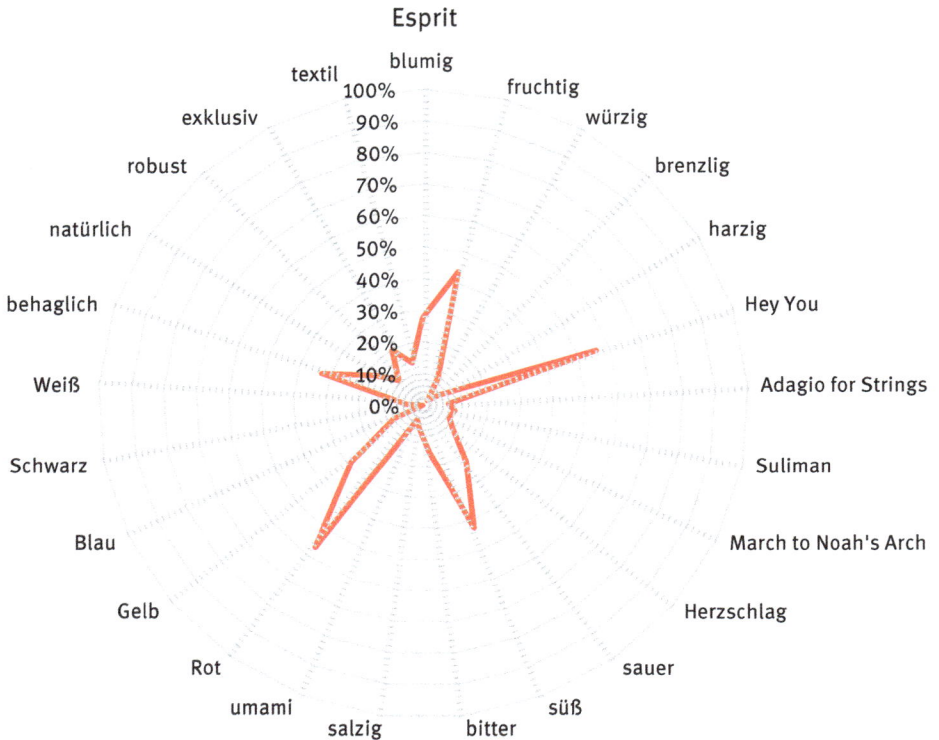

Abb. 10: Netzdiagramm der Marke Esprit (Behrens 2015)

Das Bild der Marken auf Basis der subjektiven Wahrnehmung der Probanden im Vergleich zu der strategischen Positionierung der Marken erlaubt es, die forschungsleitende Annahme 2 zu verifizieren. Das subjektive Bild der Marken stimmt in hohem Maße mit der strategischen Positionierung der Marken überein. Die grundlegende Positionierung lässt sich folglich in den Testergebnissen wiederfinden.

Die Marken im Vergleich

Nachdem bisher die einzelnen Marken ausgewertet wurden, soll im Folgenden betrachtet werden, wie sich die Marken anhand der Testergebnisse voneinander abgrenzen lassen. Dazu dient die Abbildung 11, welche die Positionierung der verschiedenen Marken in einem Diagramm vereint.

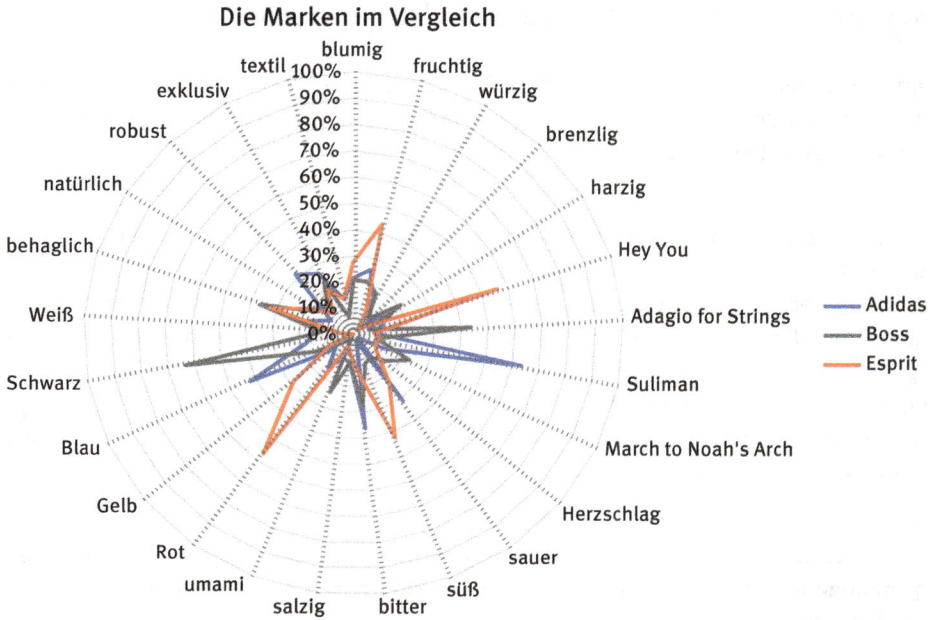

Abb. 11: Netzdiagramm der Marken im Vergleich (Behrens 2015)

Der Vergleich der Marken zeigt, dass diese sich in einigen Sinnesdimensionen deutlicher voneinander unterscheiden, als in anderen. So lassen sich die Marken anhand der Farben eindeutig voneinander abgrenzen. Auch im Bereich der auditiven Wahrnehmung sind die Marken sehr unterschiedlich. Adidas und Boss stimmen in Bezug auf die gustatorische Wahrnehmung überein. Esprit kann sich hier von den anderen beiden Marken abgrenzen. Im Bereich der haptischen Wahrnehmung sind die Unterschiede zwischen den Marken eher gering. Boss und Esprit werden beide mit der behaglichen Oberfläche assoziiert, bei Adidas ist es eher die robuste Oberfläche. Darüber hinaus fällt auf, dass die Intensität der Ausprägung zwischen den einzelnen Sinnesdimensionen variiert. Während die Assoziationen im Bereich der auditiven und visuellen Wahrnehmung sehr deutlich ausfallen, sind sie im Bereich der gustatorischen, haptischen und olfaktorischen Wahrnehmung geringer. Das zeigt sich daran, dass die Ausprägung der einzelnen Items geringer ist und es somit keine eindeutige Wahrnehmung seitens der Probanden gibt. Dies lässt den Schluss zu, dass die übereinstimmende Zuordnung abhängig vom Sinn ist. Visuelle und auditive Items werden eindeutiger zugeordnet, als die anderen Items. Die forschungsleitende Annahme 3 kann somit verifiziert werden. Grundsätzlich zeigt der Vergleich, dass sich die Marken in der Kombination der gewählten Items unterscheiden. Demnach ergibt sich für jede der Marken ein eigenes Bild der Marken. Die forschungsleitende Annahme 1 kann verifiziert werden.

4.5 Reflexion der forschungsleitenden Annahmen

An dieser Stelle sollen die aufgestellten forschungsleitenden Annahmen noch einmal zusammenfassend betrachtet werden, um anschließend eine Antwort auf die dieser Studie zugrundeliegende Forschungsfrage zu geben.

Annahme 1: Die Marken unterscheiden sich in der subjektiven Wahrnehmung der Probanden
Das Bild der Marken hat gezeigt, dass sich die Marken in der Kombination der ausgewählten Items unterscheiden. Demnach kann davon gesprochen werden, dass sich die subjektive Wahrnehmung der Probanden zu den drei Marken unterscheidet. Zwar stimmen einige der ausgewählten Items zu den Sinnesdimensionen überein, doch in der Summe der Items unterscheiden sich diese. Die forschungsleitende Annahme 1 kann demnach verifiziert werden.

Annahme 2: Je klarer eine Marke aktuell positioniert ist, desto eher wird sich diese grundlegende Positionierung auch in den nachfolgenden Testergebnissen wiederfinden
Die subjektive Wahrnehmung der Marken stimmt grundlegend mit den aktuellen Positionierungen der betrachteten Marken überein. Es kann also gesagt werden, dass sie die Markenpositionierung in dem subjektiven Bild der Marken wiederfindet. Die Annahme kann demnach verifiziert werden.

Annahme 3: Die übereinstimmende Zuordnung der Items in der Stichprobe ist abhängig vom Sinn
Die Ergebnisse der Datenanalyse haben gezeigt, dass die Probanden einige Sinne deutlicher zuordnen konnten als andere. Die Annahme 3 kann somit verifiziert werden.

Die dieser Studie zugrunde liegende Forschungsfrage *Lassen sich Marken anhand der menschlichen Sinne in einem Modell positionieren?* lässt sich auf Basis der gewonnen Erkenntnisse bestätigen.

5 Diskussion

Der theoretische Rahmen dieser Studie auf Basis neuroökonomischer Erkenntnisse hat gezeigt, dass das Bild der Marken in den Köpfen der Konsumenten entsteht und Markencharakteristika mit verschiedenen Assoziationen verknüpft sind. Durch neuronale Verschaltungen entstehen Netzwerke im Gehirn des Menschen. Damit Marken Teil dieser Netzwerke sind, müssen sie sich von Wettbewerbern absetzen und vom

Kunden auf individuelle Weise wahrgenommen werden. Dabei ist es nicht von entscheidender Bedeutung, dass der Kunde sich bewusst mit der Marke auseinandersetzt, vielmehr müssen die Marken es schaffen implizit wahrgenommen zu werden. Dazu können alle menschlichen Sinne dienen. Über Düfte, Musik oder eine spezielle Haptik können sich Marken differenzieren und so den Weg ins Gehirn der Konsumenten finden. Die Ergebnisse der vorliegenden Studie bestätigen, dass eine multisensorische Ansprache von Marken über alle Sinne möglich ist.

5.1 Grenzen der Studie

Die vorliegende Studie beansprucht keine Vollständigkeit hinsichtlich der ausgewählten Items. Sicherlich ist der Mensch in der Lage, weitaus mehr Farben, Düfte oder Geschmacksdimensionen zu differenzieren. Die Ergebnisse der vorliegenden Studie zeigen, dass es grundsätzlich möglich ist, Marken anhand der menschlichen Sinne zu charakterisieren und ihnen verschiedene Items zuzuordnen. Die durchgeführte Studie und die daraus gewonnenen Erkenntnisse bilden eine Basis für weiterführende und ergänzende Untersuchungen.

5.2 Ableitung von Handlungsempfehlungen für Markenhersteller

Die betrachteten Marken agieren auf einem wettbewerbsintensiven Markt. Damit das Unterbewusstsein einen Kaufimpuls auslöst, muss es den Marken gelingen, implizit wahrgenommen zu werden. Dazu müssen sich die Marken differenzieren, sie müssen anders sein. Die vorliegende Studie gibt Anreize, inwiefern sich die Marken über die verschiedenen Sinne positionieren können. Adidas übernimmt im Bereich der Sportartikelhersteller bereits eine Führungsposition. Die Ergebnisse zeigen, dass Adidas über alle Altersgruppen hinweg genutzt wird. Demzufolge sollte sich das Unternehmen nicht nur auf die junge Zielgruppe fokussieren, sondern auch dafür Sorge tragen, dass die Bestandskunden dem Unternehmen treu bleiben. Darüber hinaus sollte das Unternehmen darüber nachdenken, die Farbe *Blau* erneut in ihre Kommunikation und Außendarstellung aufzunehmen. Der Großteil der Probanden assoziiert diese Farbe mit dem Unternehmen. Dies könnte das Unternehmen unter anderem durch Produktdarstellungen vor Wasser oder dem Himmel erreichen. Adidas sollte in seinen Geschäften darauf achten, einen sportlich-frischen Duft zu versprühen, welcher von den Konsumenten nur unterbewusst wahrgenommen wird. Eine sportliche, strukturierte Oberfläche, beispielsweise bei den Schuhkartons oder Tragetaschen, würde die Markenwahrnehmung positiv unterstützen.

Boss wird als Marke überwiegend von älteren Personen getragen. Der Marke werden gediegene Items zugeordnet. Gleichzeitig wird die Marke als machtvoll und exklusiv angesehen. Boss sollte sich dementsprechend in seinem Markenauftritt positionieren. In den Geschäften sollte eine getragene und melancholische Musik zu hören sein und als Getränk sollten insbesondere bittere Getränke wie Bitter Lemon oder Aperol ausgeschenkt werden. Auf diese Weise kann die Marke seine Position in der entsprechenden Zielgruppe verstärken.

Das Unternehmen Esprit sollte unbedingt die Farbwahl seines Markenlogos überdenken. Die Marke wird als sehr positiv, jung, aktiv und optimistisch wahrgenommen. Die gewählten Items haben durchweg eine positive Assoziation ausgelöst. Die Farbe *Rot* ist nicht kongruent zu dem sonstigen Markenauftritt des Unternehmens. Die Farbe *Gelb*, welche von vielen Probanden gewählt wurde, entspricht dem sonstigen Bild der Marke. Ein weiterer Vorteil dieser Farbwahl besteht darin, dass nur wenige Bekleidungsmarken diese Farbe verwenden. Daraus ergibt sich ein zusätzliches Alleinstellungsmerkmal. Esprit sollte den Markenauftritt durch einen fruchtigen Duft in den Läden, in Kombination mit fruchtig-frischen und süßen Getränken und Speisen unterstreichen.

Im Allgemeinen ist es sinnvoll für Marken, sich über verschiedene Sinne einen Platz in den Köpfen der Konsumenten zu schaffen. Die Unternehmen sollten die Erkenntnisse verhaltensökonomisch Forschung als Anreiz und Chance für eine zukünftige Markenpositionierung sehen. Darüber hinaus muss in der deutschen Kultur ein Umdenken von der Beschränkung auf auditive und visuelle Reize hin zu einer multisensorischen Produktansprache erfolgen.

6 Fazit und Ausblick

Wie die Studie zeigt, hat die neuroökonomisch Forschung in Bezug auf die Markenpositionierung einen bedeutenden Stellenwert, der in den nächsten Jahren vermutlich weiter zunehmen wird. Auf Basis dieser Erkenntnisse ergibt sich ein Handlungsbedarf für die Unternehmen. Die wenigsten Unternehmen sind bis jetzt darauf ausgerichtet, ihre Marke über verschiedene Sinne an den Konsumenten zu kommunizieren. Die neuronalen Wirkungsweisen multisensorischer Wahrnehmung sind vielen Unternehmen nicht bekannt. Auch herrscht in vielen Köpfen noch das Bild des Homo oeconomicus, welches jedoch durch neurowissenschaftliche Erkenntnisse überholt wurde. Der Mensch wird überwiegend durch sein Unterbewusstsein geleitet und trifft einen Großteil seiner Entscheidungen auf Basis neuronaler Impulse. Gleichzeitig ist es für Marken zunehmend schwieriger, sich auf wettbewerbsintensiven Märkten zu positionieren und von den Konsumenten wahrgenommen zu werden. Die vorliegende Studie will einen Beitrag dazu leisten, das Bewusstsein auch auf die anderen Sinne zu lenken. In der vorliegenden Studie wurde ein Ansatz gewählt, bei dem die Probanden den Marken Attribute zuschreiben, mit denen sie die Marke verbinden. Auf diese Weise konnten neue, für die Marken wichtige, Erkenntnisse hinsichtlich ihrer Wahrnehmung erzielt werden. Anhand des Experiments wurde untersucht, ob es möglich ist,

Marken anhand der menschlichen Sinne in einem Modell zu positionieren. Die Ergebnisse haben gezeigt, dass eine grundsätzliche Positionierung anhand der menschlichen Sinne möglich ist. Zudem lassen sich aus den Ergebnissen Unterschiede bei den Marken ableiten. Die Ergebnisse dieser Studie weisen eine hohe Übereinstimmung mit der realen Positionierung der betrachteten Marken auf, doch können sich die Marken, durch die Einbeziehung weiterer Sinneskanäle, weiter differenzieren.

Literatur

Adidas Group (2014). Adidas. Abgerufen am 21.01.2015 von http://www.adidas-group.com/de/unternehmen/geschichte/.

Adidas Group (o. J.). Adidas. Abgerufen am 21.01.2015 von http://www.adidas-group.com/de/investoren/strategie/global-brands-strategie/#/adidas-strategic-positioning/.

Ahlert, P. D. (2014a). Die Diskussion zum sensorischen Mix. In G·E·M Gesellschaft zur Erforschung des Markenwesens e. V. (Hrsg.), *Das digitale Zeitalter fo(ö)rdert Markenführung über alle Sinne*, S. 39–49. Berlin: Gesellschaft zur Erforschung des Markenwesens e. V.

Ahlert, P. D. (2014b). Wie Marken wirken. In G·E·M Gesellschaft zur Erforschung des Markenwesens e. V. (Hrsg.), *Das digitale Zeitalter Fo(ö)rdert Markenführung über alle Sinne*, S. 31–32. Berlin: Gesellschaft zur Erforschung des Markenwesens e. V.

Albrecht, J. & Wiesmann, D. (2006). Das olfaktorische System des Menschen. *Der Nervenarzt*, 77(8):931–939.

American Marketing Association (1995). American Marketing Association. Abgerufen am 06.11.2014 von https://www.ama.org/resources/Pages/Dictionary.aspx?dLetter=B&dLetter=B.

Amicia, F. D., Höfer, P. & Röckenhaus, F. (2013a). Die Macht des Unbewussten – Teil 1. Köln: Phoenix (TV-Ausstrahlung am 26.03.2013).

Amicia, F. D., Höfer, P. & Röckenhaus, F. (2013b). Die Macht des Unbewussten – Teil 2. Köln: Phoenix (TV-Ausstrahlung am 26.03.2013).

Bühner, M. (2011). *Einführung in die Test- und Fragebogenkonstruktion*. München: Pearson Studium.

Bennett, M. & Hacker, P. (2010). Die philosophischen Grundlagen der Neurowissenschaft. In Bennett, M., Dennett, D., Hacker, P. & Searle, J. (Hrsg.), *Neurowissenschaft und Philosophie – Gehirn, Geist und Sprache*, S. 31–76. Berlin: Suhrkamp Verlag.

Borst, A. & Grothe, B. (2011). Die Welt im Kopf – Das Gehirn und die Sinne. In Bonhoeffer, T. & Gruss, P. (Hrsg.), *Zukunft Gehirn*, S. 37–58. München: Verlag C. H. Beck oHG.

Brillux GmbH & Co. KG. (2014). FarbImpulse. Abgerufen am 19.11.2014 von http://www.farbimpulse.de/Wie-Menschen-Farben-sehen.78.0.html.

Bruhn, M. & Köhler, R. (2010). *Wie Maren wirken*. München: Franz Vahlen Verlag GmbH.

Bruhn, P. D., Esch, P. D.-R. & Langner, P. D. (2009). Produktverpackung. In Bruhn, P. D., Esch, P. D.-R., Langner, P. D. & Langner, P. D. (Hrsg.), *Handbuch Kommunikation*, S. 285–314. Wiesbaden: Gabler GWV Fachverlage GmbH.

Burmann, P. D. (o. J.). Gabler Wirtschaftslexikon. Abgerufen am 06.11.2014 von http://wirtschaftslexikon.gabler.de/Definition/marke.html.

Carbon, C.-C. (kein Datum). TU-Berlin. Abgerufen am 23.11.2014 von http://www.uselab.tu-berlin.de/muc2013/Artikel/07_Carbon.pdf.

Chlupsa, C. (2011a). Neuromarketing – Neue Chancen für die Werbung. Branding Code®. Vortrag Neuromarketing Werbetreff 2011 Handout, S. 1–27. München: Cantus Media.

Chlupsa, C. (2011b). Denken ist zwecklos! *e-cono*, 10:100. (Interviewer: Werner, D.).

Chlupsa, C. (2011c). Ins Hirn und Herz der Kunden. *WerbeTreff*, 2011(220).

Chlupsa, C. & Lean, J. (2012). The Impact of Implicit Motives in the Decision-Making Process: A Preliminary Analysis. *Soc & Pub. Pol. Rev.*, 8(2):32–47.

Creusen, M. & Schoormans, J. (2005). The Different Roles of Product Appearance in Consumer Choice. *Product Development & Management Association*, 22:63–81.

Dedrich, M., Jantzen, W. & Walthes, R. (Hrsg.) (2011). *Sinne, Körper und Bewegung*. Stuttgart: W. Kohlhammer GmbH.

Derouiche, A. (2011). Eine kleine Neuroanatomie. In Reimann, M. & Weber, B. (Hrsg.), *Neuroökonomie*, S. 11–42. Wiesbaden: Gabler Verlag / Springer Fachmedien.

Dunn, W. (2010). *Leben mit den Sinnen – Wie Wahrnehmungsmuster unser Leben bestimmen*. Bern: Verlag Hans Huber, Hogrefe AG.

Elger, C. E. (2013). *Neuroleadership: Erkenntnisse der Hirnforschung für die Führung von Mitarbeitern*. Planegg/München: Haufe-Lexware GmbH.

Elsen, M. (2007). Warum Kunden kaufen. *aquisa*, 3:13–17.

Esch, F.-R. (2010). *Strategie und Technik der Markenführung*. München: Franz Vahlen Verlag.

Esch, F.-R. (2013). Kräftige Impulse für den klaren Blick. *Absatzwirtschaft*, 9.

Esch, F.-R. & Möll, T. (2010a). Wirkung von Markenemotionen – Neuromarketing als neuer verhaltenswissenschaftlicher Zugang. In Bruhn, M., Köhler, R. et al. (Hrsg.), *Wie Marken wirken*. München: Verlag C. H. Beck. Von http://www.chbeck.de/fachbuch/leseprobe/Bruhn-Wie-Marken-9783800637232_1901201210463778_lp.pdf abgerufen.

Esch, F.-R. & Möll, T. (2010b). Wirkung von Markenemotionen – Neuromarketing als neuer verhaltenswissenschaftlicher Zugang. In Bruhn, P. & Köhler, P. (Hrsg.), *Wie Marken wirken – Impulse der Neuroökonomie für die Markenführung*, S. 146–165. München: Franz Vahlen GmbH.

Esprit Global Image (o. J.). Esprit. Abgerufen am 21.01.2015 von http://www.esprit.com/company/about_us/.

Feuer & Glas OHG (2010). Feuer & Glas. Abgerufen am 20.11.2014 von http://feuerundglas.de/private_neu/gewuerzoele/liquid-smoke-natuerlicher-fluessigrauch.html.

Frings, S. & Müller, F. (2014). *Die Biologie der Sinne – Vom Molekül zur Wahrnehmung*. Berlin, Heidelberg: Spinger-Verlag.

Grunwald, M. (2014). Wer Menschen berühren will, muss sie berühren. (S. Wegner, Interviewer, & M. Institut, Herausgeber).

Guski, R. (2000). *Wahrnehmung – Eine Einführung in die Psychologie der menschlichen Informationsaufnahme*. Stuttgart: W. Kohlhammer GmbH.

Gutjahr, G. & Naderer, G. (2011). Implizite Methoden. In Naderer, G., Balzer, E. & Naderer, G. (Hrsg.), *Qualitative Marktforschung in Theorie und Praxis*, S. 367–384. Wiesbaden: Gabler Verlag / Springer Fachmedien.

Häußler, F. (2010). Hochschule der Medien Stuttgart. Abgerufen am 06.11.2014 von http://www.hdm-stuttgart.de/~curdt/Haeussler.pdf.

Hatt, H. & Dee, R. (2012). *Das kleine Buch vom Riechen und Schmecken*. München: Albrecht Knaus Verlag.

Haus, K.-M. (2005). *Neurophysiologische Behandlung bei Erwachsenen*. Heidelberg: Springer Medizin Verlag.

Hennings, D. & Schmidt, D. (2012a). *Neuroökonomische Marketingforschung*. S. 32–35. BVM Kongress-Special.

Hennings, D. & Schmidt, D. (2012b). *Neuroökonomische Marketingsforschung*. S. 32–35. BVM Kongress Special.

Herrmann, A. & Stefanides, J. (2010). Wechselspiel zwischen emotionalem und kognitivem Markenerlebnis. In Bruhn, M., Köhler, R., Dieter, Ahlert, et al. (Hrsg.), *Wie Marken wirken*. München: Verlag C. H. Beck.

Hevner, K. (2012). Experimental Studies of the Elements of Expression in Music. *The American Journal of Psychology*, 48(2):246–268.

Huber, O. (2005). *Das psychologische Experiment: Eine Einführung*. Bern: Verlag Hans Huber, Hogrefe AG.

Hugo Boss (2013). Hugo Boss Geschäftsbericht. Abgerufen am 21.01.2015 von http:// geschaeftsbericht-2013.hugoboss.com/konzernprofil/konzernstrategie/markenstaerke.html.

Hussy, W., Schreier, M. & Echterhoff, G. (2010). *Forschungsmethoden in Psychologie und Sozialwissenschaften*. Berlin Heidelberg: Springer Verlag.

Jacob, D. & Eirmbter, D. (2000). *Allgmeine Bevölkerungsumfragen*. München: Oldenbourg Wissenschaftsverlag GmbH.

Jung, K. O. (1998). *Farben – Sehen: um künstlerischen Gebrauch der Farben*. Glienicke / Berlin: Galda + Wilch Verlag.

Kahneman, D. (2013). *Thinking, Fast and Slow*. New York: Farrar, Straus and Giroux.

Kahneman, D. (Autor) & Society, U. I. (Regisseur) (2013). Thinking, Fast and Slow [Kinofilm]. Zürich.

Kerner, G. & Duroy, R. (1979). *Bildsprache – Lehrbuch für den Fachbereich bildende Kunst, viduelle Kommunikation in der Sekundarstufe II*. Band 1. München.

Kiefer, M. (2012a). Die Gedächtnisspur haptischer Werbung. *Wissen*, 2012(09):80–82.

Kiefer, P. D. (2012b). Die Gedächtnisspur haptischer Wirkung. *HAPTICA – Das Magazin für den erfolgreichen Einsatz von Werbemitteln*, 2012(10).

Kilian, K. (2009). Klangvolle Markennamen und namhafter Markenklang. In Bernecker, M. & Pepels, W. (Hrsg.), *Jahrbuch Marketing 2009*. Köln: johanna Verlag.

Kilian, K. & Brexendorf, T. (2005). Multisensuale Markenführung als Differenzierungs- und Erfolgsgröße. *Business Report*, 02:12–15.

Kirchgeorg, P. D. (2011). Wahrnehmung. *Gabler Wirtschaftslexikon*. Abgerufen am 02.01.2015 von http://wirtschaftslexikon.gabler.de/Definition/wahrnehmung.html.

Klaubert, D., Brennholt, S. & Rekersdres, N. (2014). *Motivation Gesundheit – Themenvorschläge und Materialien für den gesundheitsfördernden Unterricht*. Paderborn: Sarastro GmbH.

Koch, Thomas (2018). Nie war die Botschaft so wertlos wie heute. *WirtschaftsWoche*. Abgerufen am 05.01.2020 https://www.wiwo.de/unternehmen/dienstleister/werbesprech-nie-war-die-botschaft-so-wertlos-wie-heute/23163046.html.

Koppelmann, U. (1997). *Produktmarketing*. Berlin Heidelberg: Springer Verlag.

Kroebel-Riel, W. & Gröppel-Klein, A. (2013). *Konsumentenverhalten*. München: Franz Vahlen Verlag.

Kroeber-Riel, W. & Weinberg, P. (2003). *Konsumentenverhalten*. Band 8. München: Franz Vahlen Vahlen Verlag.

Lawrie, B. (Regisseur) (2011). Die Macht des Unterbewusstseins [Kinofilm].

Legrum, W. (2011). *Riechstoffe, Zwischen Gestank und Duft: Vorkommen, Eigenschaften und Anwendung von Riechstoffen und deren Gemischen*. Wiesbaden: Vieweg + Teubner Verlag.

Lieury, A. (2013). *Die Geheimnisse unseres Gehirns*. Berlin Heidelberg: Springer Verlag.

Lindstrom, M. (2011). *Brand Sense – Warum wir starke Marken fühlen, riechen, schmecken, hören und sehen können*. Frankfurt am Main: Campus Verlag GmbH.

Müller, K.-M. (2012). *NeuroPricing – Wie Kunden über Preise denken*. Freiburg München: Haufe-Lexware GmbH.

Madeja, P. M. (Autor) & Sat1, w. (Regisseur) (2014). Alles Kopfsache: Unser Gehirn, der geheimnisvolle Ort [Kinofilm]. Deutschland.

McGee, M. (2014). Experiencing is believing: what virtual reality could mean for ads and brands. *the guardian*.

Meffert, H., Burmann, C. & Kirchgeorg, M. (2008). *Marketing – Grundlagen marktorientierter Unternehmensführung*. Wiesbaden: GWV Fachverlage GmbH.

Meyer, S. (2001). *Produkthaptik – Messung, Gestaltung und Wirkung aus verhaltenswissenschaftlicher Sicht*. Wiesbaden: Betriebswirtschaftlicher Verlag Th. Gabler GmbH und Deutscher Universitäts-Verlag GmbH.

Michaelis, D. M. (2011). *Einführung in SPSS*. Band 2. Dortmund, NRW, Deutschland: I. S. gGmbH.

Nölke, D. M. (2010). *Entscheidungen treffen*. Freiburg: Haufe-Lexware.

Plattig, K.-H. (1987). Der Geruchssinn des Menschen. *Physik in unserer Zeit*, 5:146–158.

Raab, G., Gernsheimer, O. & Schindler, M. (2013). *Neuromarketing: Grundlagen-Erkenntnisse-Anwendungen*. Wiesbaden: Springer Fachmedien.

Reimann, M. & Weber, B. (2011). Neuroökonomie – Eine Bestandsaufnahme. In Reimann, M. & Weber, B. (Hrsg.), *Neuroökonomie*, S. 3–9. Wiesbaden: Gabler Verlag; Springer Fachmedien GmbH.

Ries, A. & Trout, J. (2001). *Positioning*. New York, USA: McGraw-Hill Companies.

Roth, G. (2003). *Fühlen, Denken, Handeln – Wie das Gehirn unser Verhalten steuert*. Frankfurt am Main: Suhrkamp Verlag.

Roth, G. (2010). *Wie einzigartig ist der Mensch?* Heidelberg: Spektrum Akademischer Verlag.

Salimpoor, V., Benovoy, M., Larcher, K., Dagher, A. & Zatorre, R. (2011). Anatomically distinct dopamine release during anticipation and experience of peak emotion to music. *Nature Neuroscience*, 14(02):257–264. Abgerufen am 05.11.2014 von http://www.nature.com/neuro/journal/v14/n2/full/nn.2726.html.

Scheier, C. & Held, D. (2009). *Was Marken erfolgreich macht*. Planegg / München: Rudolf Haufe Verlag GmbH & Co. KG.

Scheier, C., Held, D., Schneider, J. & Bayas-Linke, D. (2012). *Codes – Die geheime Sprache der Produkte*. Freiburg / München: Haufe-Lexware GmbH & Co. KG.

Schmid, P. D. (2014). Über den Verlust der Menschen an Sinneserfahrung. In G·E·M Gesellschaft zur Erforschung des Markenwesens e. V. (Hrsg.), *Das digitale Zeitalter fo(ö)rdert Markenführung über alle Sinne*. Berlin: Gesellschaft zur Erforschung des Markenwesens e. V.

Schmitz-Maibauer, H. H. (1976). *Der Stoff als Mittel anmutungshafter Produktgestaltung:*. Köln: Hanstein.

v. Sengbusch, J. (2015). Planet Wissen. Abgerufen am 31.10.2014 von http://www.planet-wissen.de/natur_technik/sinne/fuehlen/.

Statista (2014). statista. Abgerufen am 08.12.2014 von http://de.statista.com/statistik/daten/studie/294021/umfrage/umfrage-zu-den-bekanntesten-modemarken-in-deutschlan/.

Steincke, D. (2007). *Bildgestaltendes Verstehen von Musik*. Würzburg: Verlag Königshausen & Neumann GmbH.

Steinhausen, N. J. (2013). *Multisensuales Dienstleistungsmarketing: Die Auswirkung von Produkthaptik auf das Konsumentenverhalten am Beispiel des Business-to-Consumer-Markets*. Hamburg: Diplomica Verlag.

Traindl, A. (2010). Store Branding für alle Sinne – Neurowissenschaftliche Erkenntnisse und praxisrelevante Anregungen für eine wirkungsvolle multisensuale Kommunikation am Point of Sale. In Bruhn, P. & Köhler, P. (Hrsg.), *Wie Marken wirken – Impulse aus der Neuroökonomie für die Markenführung*, S. 283–299. München: Franz Vahlen GmbH.

Waechter, J. (2011). Im Rausch der Klänge. *Süddeutsche Zeitung Magazin*. Abgerufen am 05.11.2014 von http://sz-magazin.sueddeutsche.de/blogs/musikblog/2873/im-rausch-der-klange/.

Walter, G. (2011). *Kinder entdecken ihre 7 Sinne – Sehen – Hören – Riechen – Schmecken*. Münster: Ökotopia Verlag.

Weber, B. (2010). So funktioniert eben der Mensch. Süddeutsche.de. Abgerufen am 13.12.2014 von http://lifeandbrain.com.

Weiland, D. M. (2014). Onmeda.de Für meine Gesundheit. Abgerufen am 14.11.2014 von http://www.onmeda.de/ernaehrung/umami.html.

Westermann, C.-F. (2014). Die Diskussion zum sensorischen Mix. In G·E·M Gesellschaft zur Erforschung des Markenwesens e. V. (Hrsg.), *Das digitale Zeitalter fo(ö)rdert die Markenführung
über alle Sinne*, S. 39–49. Berlin: Gesellschaft zur Erforschung des Markenwesens e. V.

Zenner, H. (1997). Die Kommunikation des Menschen. In Schmidt, R. & Thews, G. (Hrsg.), *Physiologie des Menschen*, S. 259–277. Springer Lehrbuch.

Zimmer, R. (2005). *Handbuch der Sinneswahrnehmung – Grundlagen einer ganzheitlichen Bildung
und Erziehung*. Breisgau: Verlag Herder Freiburg.

Anne-Mareike Henning

Der Duft der Kaufentscheidung

Wie Kunden auf den richtigen Geruch im Handel reagieren

1 Problemstellung und Zielsetzung der Untersuchung

Aufgrund zunehmender gesättigter Märkte hat der Handel größere Probleme sich abzugrenzen. Vor diesem Hintergrund gewinnen erlebnisorientierte Strategien im Point-of-Sale-Marketing zunehmend an Bedeutung (Stöhr 1998).

Für eine erfolgreiche Absatzpolitik eines Unternehmens mit Blick auf das Kaufverhalten des Kunden ist die subjektive Beobachtung und Analyse der kognitiven Realität des Konsumenten von Bedeutung. Hierdurch werden Einflussfaktoren des Konsumenten deutlich und das Unternehmen kann seine Leistungen anpassen.

https://doi.org/10.1515/9783110700534-003

Für die Beziehung zwischen Mensch und Umwelt sind die Erlebnisse von Gerüchen ein wesentlicher Bestandteil. Der Grund hierfür ist, dass Düfte bzw. Gerüche mit verschiedenen Aspekten im Alltag verknüpft werden, denn sie animieren und stimulieren, wecken Erinnerungen sowie Sehnsüchte (Kroeber-Riel & Weinberg 2003).

Der Fokus eines Handelsunternehmens ist der Point of Sale. Dort tritt der Konsument mit dem Produkt in Kontakt und trifft seine Entscheidung, ob Kauf oder Nicht-Kauf. Hierbei spielen besonders die sozialen Präferenzen, aber auch die kontextuellen Informationen eine relevante Rolle (Reiman & Weber 2011). Aktuelle Ergebnisse aus der Hirnforschung zeigen, dass die meisten Entscheidungen unbewusst getroffen werden (Kahneman 2011). So wird der Konsument bzw. der Kunde während seiner Kaufentscheidung von unbewussten Prozessen des Gehirns beeinflusst und trifft daher seine Entscheidung nicht rational, sondern emotional (Chlupsa 2013).

Damit das Marketing eines Handelsunternehmens auch entsprechend reagieren kann, sollten die Funktionen der Neurologie des menschlichen Gehirns bekannt sein. Aufgrund der stetig wachsenden Flut von Informationen sind für die Menschen die nonverbalen Reize wirksamer, denn sie rufen Emotionen hervor (implizite Wirkungen) (Möll & Esch 2007).

Das Marketing verfolgt durch das Einsetzen von Duftstoffen am POS zwei wesentliche Ziele: Der Aufbau eines stimulierenden und emotionalen Wirkungsbereiches am POS sowie die Erzeugung von produktbezogenen Konsumerlebnissen (Kroeber-Riel & Weinberg 2003). Somit lässt sich eine Art emotionale Bindung an das Produkt herstellen.

Vor dem Hintergrund optischer und akustischer Reizdarbietung im Rahmen effizienter Marketingstrategien kommt einer weiteren sensorischen Variante, dem Riechen, eine zunehmende Bedeutung zu.

Ziel war es, empirisch zu überprüfen, welcher Duft positive Auswirkungen auf den Umsatz bzw. auf die Besuchszeiten am POS haben wird. Bevor dies geprüft worden konnte, musste anhand eines Experimentes untersucht werden, welcher Duft am angenehmsten erscheint. Hierzu wurden die Probanden mit einer Reihe von Düften konfrontiert. Dabei war es relevant, die Ziele in theoretische und empirische Aspekte zu untergliedern. Bei den theoretischen Zielen handelte es sich zunächst um die wesentlichen Einflussfaktoren des Konsumenten bei seiner Kaufentscheidung sowie den Aufbau und die Funktionsweisen des menschlichen Gehirns und des Riechens. Das empirische Ziel hingegen bestand darin, den präferiertesten Duft der getesteten Probanden zu analysieren. Zugleich sollten die Düfte kategorisiert sowie nach Alter und Geschlecht der Versuchspersonen differenziert werden. Abschließend wurde überprüft, ob diese Düfte auch erfolgreichen Einfluss auf den Umsatz und die Besuchszeiten am POS haben.

2 Theoretischer Hintergrund

2.1 Definition und Ziele der Neuroökonomie

Die Neuroökonomie verknüpft das Wissen aus der Neurowissenschaft, der Marktforschung sowie der Kognitionswissenschaft. Hierbei erfolgt zusätzlich noch die Integration von relevanten Marketingthemen (Thompson 2010). Die Neuroökonomie versucht somit das aktuelle Wissen der Hirnforschung in der Marketingpraxis bzw.- theorie zusammenzubringen. Die neuronalen Mechanismen sind hierbei von großer Bedeutung, da Entscheidungen hauptsächlich auf unbewussten Prozessen beruhen (Häusel 2014). Damit der Kunde besser verstanden werden kann, muss das Konsumentenverhalten sowie die Irrationalität des Menschen bei den Kaufentscheidungen untersucht werden. Hieraus resultiert ein optimales, an den Konsumenten angepasstes Umfeld, welches dazu dient, für den Kunden die besten Entscheidungen zu treffen (Kroebel-Riel & Gröppel-Klein 2013). Hierzu zählen auch u. a. der Effekt der Preisgestaltung sowie der Werbekampagnen.

Somit ist festzuhalten, dass die Neuroökonomie sich mit dem ökonomischen Verhalten anhand von neurowissenschaftlichen und psychologischen Methoden beschäftigt, damit konkrete Maßnahmen in Bezug auf die Gestaltung u. a. von Werbekampagnen, Produkt, Preis und Umfeld am Point of Sale vollzogen werden können.

2.2 Die Funktion des Riechens

Der Mensch kann bis zu etwa 10.000 verschiedene Gerüche unterscheiden sowie ein „zwei Millionstel eines Milligramms Vanille in einem Kubikmilliliter Luft" (Schandry 2006) wahrnehmen. Ein weiterer wesentlicher Aspekt ist, dass die Intensität der subjektiven Wahrnehmung eines Duftstoffes, der für einige Minuten vorhanden ist, auf 25–40 % der anfangs wahrgenommen Reizstärke absinkt. Grundsätzlich aber kann festgestellt werden, dass der Mensch über eine leistungsstarke Analyse von Geruchsstoffen verfügt (Dunn 2010).

Zur Charakterisierung des wahrgenommenen Duftes wurden aus 10.000 Adjektiven 20 ausgewählt, die den Duft subjektiv beschreiben lassen. Eine Studie aus der Sprachpsychologie machte dies möglich. Folgende Adjektive wurden hierbei ermittelt: süß, schwer, frisch, herb, intensiv, aufdringlich, billig, künstlich, angenehm, unangenehm, blumig, elegant, auffällig, modisch, sportlich, sauber, fruchtig, weiblich und männlich (Stöhr 1998).

Damit die Düfte zielgerichtet im Marketingsegment eingesetzt werden können, gilt die Voraussetzung, die verschiedenen Einflussfaktoren der Duftwahrnehmung voneinander abzugrenzen. Hier wird zwischen Reizdauer, Reizintensität und Riechschärfe differenziert (Girad et al. 2013).

Die Qualität und die Empfindung des Geruches sind von der Intensität des Reizes abhängig. Die Wahrnehmbarkeit der olfaktorischen Reize können allerdings durch die sogenannten Geruchsschwellenwerte definiert werden, die in Wahrnehmungs-, Erkennungs-, Unterschieds- und Sättigungsschwelle differenziert werden (Stöhr 1998; Maiworm 2001).

Die Wahrnehmungsschwelle definiert sich dadurch, dass der Mensch noch so eben das Dasein des Geruches wahrnehmen kann, da der olfaktorische Reiz in diesem Falle eine sehr niedrige Konzentration aufweist. Bei der Erkennungsschwelle allerdings kann der Geruch festgestellt und beschrieben werden (Gellert 2009). Die Unterschiedsschwelle liegt vor, sobald die Konzentration bzw. die Intensität des Geruches erhöht wird und dieser Unterschied wahrgenommen werden kann. Hinsichtlich der Sättigungsschwelle wird trotz ansteigender Konzentration kein erhöhtes sensorisches Empfinden verspürt (Grühling 2013). Grundsätzlich verhalten sich die Schwellenwerte von Mensch zu Mensch unterschiedlich. Wenn ein Duft beispielsweise unter der Wahrnehmungsschwelle liegt, wird er unbewusst wahrgenommen und beeinflusst somit auch die Erinnerungen und Emotionen des Menschen. Somit können schon die niedrigsten Konzentrationen von olfaktorischen Reizen, die unbewusst wahrgenommen werden, Einfluss auf die Aufmerksamkeit sowie auf die emotionalen Reaktionen des Menschen haben. Dies ist auch dafür entscheidend, ob sich der Mensch in seinem Wirkungsbereich wohlfühlt oder nicht (Diaconu 2005; Hatt & Dee 2011; Knoblich, Scharf & Schubert 2003).

Wie der Geruch beim Menschen wirkt, ist zum einen abhängig von äußeren Faktoren wie beispielsweise der Temperatur und den Lichtverhältnissen seiner Umgebung. Des Weiteren spielt die innere Verfassung, also die allgemeine Stimmungslage, eine Rolle. Schließlich ist die Qualität der dargebotenen Konzentration des olfaktorischen Reizes entscheidend für die Wirkung des Duftes (Krishna 2010).

Grundsätzlich können drei Dimensionen von Gefühlen unterschieden werden, die eine emotionale Reaktion des Menschen maßgeblich beeinflussen:

1. Lust – Unlust
2. Erregung – Nichterregung
3. Dominanz – Unterwerfung

Aufgrund von externen und persönlichen Einflussfaktoren können Gewichtungen der o. g. Dimensionen verändert werden. Gefühlsdimensionen, die oben nicht aufgeführt sind, lassen sich allerdings anhand dieser beschreiben (Mücke 2010).

Für die Bewertung von olfaktorischen Reizen und deren Wahrnehmung sind nicht nur die physikalischen und chemischen Faktoren wie Qualität, Konzentration, Häufigkeit und Wahrnehmbarkeit der olfaktorischen Reize relevant, sondern auch der Ort und der Zeitpunkt sowie die psychischen und physischen Körperzustände und die persönliche Erfahrung des Menschen (Girad et al. 2013).

Zusammenfassend kann festgehalten werden, dass olfaktorische Reize mentale, aber auch physische Vorgänge wie zum Beispiel Emotionen, vegetative Prozesse und

Motivation signifikant beeinflussen können. Ebenso lösen sie Erinnerungen sowie Zuordnungsprozesse aus. Grund hierfür ist die unmittelbare Reaktion im limbischen System, die durch die gasförmigen Moleküle ausgelöst wird. Die Empfindungen von olfaktorischen Reizen können nach der Qualität, der Wahrnehmbarkeit und der Konzentrationsstärke differenziert werden.

Bei der Bewertung der Beeinflussung olfaktorischer Reize bezüglich der Handlungsweise ist zu beachten, dass die Schwellenwerte bei jedem Menschen unterschiedlich sind. So haben beispielsweise Studien bewiesen, dass aufgrund von Einsatz bestimmter Düfte, die Leistungsfähigkeit eines Menschen herabgesetzt bzw. gesteigert werden kann.

2.3 Ziele von Raumbeduftung

Der Duft ist ein wahrnehmbarer Reiz für den Menschen, der sein emotionales Verhalten beeinflussen kann.

Wie bereits erläutert, gibt es drei Gefühlsdimensionen: Lust, Erregung und Dominanz. Ob der Mensch positiv oder negativ auf einen Duft reagiert, ist u. a. abhängig von seinem Persönlichkeitstyp. Grundsätzlich aber lassen sich zwei Kategorien festhalten wie der Konsument reagieren kann. Entweder gibt es eine Annäherung, die das Resultat einer positiven Bewertung der Umwelt und positiv wirkender Düfte ist. Oder es kommt zu einer Meidung, die das Ergebnis einer negativen Beurteilung der Umwelt bzw. negativ wirkender Düfte ist.

Es kann somit festgehalten werden, dass die Lust oder Erregung zum Einkaufen die Dauer des Besuches im Einzelhandel oder aber auch die Bereitschaft Geld auszugeben beeinflussen kann. Außerdem ist der Konsument positiver gestimmt, wenn seine Umwelt vielfältiger ist. Das hat zur Folge, dass je abwechslungsreicher und interessanter die Point-of-Sale-Umwelt ist, desto mehr Umsatz kann erreicht werden. Eine Studie ergab sogar, dass die Konsumenten, die sich in einer mit Duft gestalteten Poin-of-Sale-Umwelt befanden, eine höhere Bereitschaft zu einem Spontankauf hatten (Gellert 2009; Müller C. 2015).

Neben der Steigerung von Umsätzen und den Mehr- bzw. Spontankäufen ist ein weiteres Ziel der Raumbeduftung am Point of Sale das Wohlbefinden des Konsumenten zu verbessern. Man möchte somit den Kunden zu einer längeren Verweildauer anregen und ihm die Möglichkeit geben sich intensiver mit dem vorhandenen Sortiment auseinanderzusetzen. Die Vermeidung von negativen Gerüchen in der Ladenumwelt ist ein weiteres Ziel der Raumgestaltung mit Duftstoffen mit dem Ziel, dass der Konsument ein positives Wohlempfinden erfährt (Siegerstetter 2009).

Ein weiterer Aspekt ist die Abgrenzung vom Wettbewerb. So wird intendiert, dass der Kunde den Duft bzw. das Erlebnis am Point of Sale positiv verbindet und dass er den Duft „abspeichert", so dass er diesen zu einem späteren Zeitpunkt wiedererkennen kann (Kilian & Brexendorf 2005; Krishna 2010).

Somit lassen sich aufgrund von Raumbeduftung ökonomische Kennzahlen beeinflussen. Jedoch sind die Konzentration und die Qualität des Duftes mit einer der wichtigsten Komponenten für die Raumgestaltung mit Duftstoffen (Kilian & Brexendorf 2005). Die wesentlichen Ziele der Raumbeduftung am Point of Sale sind die Steigerung des Umsatzes und der Spontankäufe sowie die Verbesserung des Wohlbefindens des Konsumenten, die Überdeckung von negativen Gerüchen und die Verbesserung des Unternehmensimages.

2.3.1 Technische Umsetzung von Raumbeduftung am Point of Sale

Für die Umsetzung von Raumbeduftung gibt es diverse Methoden bzw. Verfahren. Nachfolgend werden Möglichkeiten erläutert, die für die Raumbeduftung in Frage kommen.

Welche Methode der Raumbeduftung geeignet ist, hängt von der Raumtemperatur, der Raumgröße, der Intention sowie von der finanziellen Ausgangslage ab. Grund für den letzten Punkt ist, dass je nach Verfahren die Anschaffung, die Installation, die Unterhaltung und die Duftauswahl der Anlage sehr kostspielig werden können. Je größer ein Raum, desto höher sind die Kosten für die Anlage. Welche Düfte eingesetzt werden sollen ist davon abhängig, welche Zielgruppe angesprochen und welches Ziel der gewählte Duft verfolgen soll (Leichtle 2009; Hatt 2012).

Die traditionelle Raumbeduftung beinhaltet die Verwendung von Duftlampen, Duftkerzen oder Raumsprays. Diese Methode ist für eine kurzfristige und schnelle Anwendung sehr effektiv, eignet sich allerdings nur für kleine Räumlichkeiten (Stöhr, 2008). Ein weiteres Verfahren ist der Einsatz von Duftstoffmolekülen in den Belüftungsanlagen am Point of Sale. Dieser Prozess kann mit Hilfe von gelartigen oder flüssigen Duftstoffen durchgeführt werden. Eine vorherige Beschäftigung mit der Arbeitsweise der Anlagen ist vor Gebrauch der Duftstoffmoleküle zwingend notwendig. Eine weitere Methode ist das computergesteuerte Beduftungssystem. Das System ist mit der Belüftungsanlage verknüpft und überwacht die Werte, die Einfluss auf die Duftkonzentration haben. Somit werden die Werte der Luftfeuchtigkeit und der Raumtemperatur kontrolliert und verglichen. Sobald die Werte voneinander abweichen, erfolgt eine neue Beduftung (Leichtle 2009; Siegerstetter 2009).

Bei einer Raumgröße zwischen 30 Quadratmetern bis 100 Quadratmetern bietet sich eine Duftsäule an. Die Säule wird elektronisch bedient und lässt einen flexiblen Gebrauch zu. Hierbei werden Duftkompositionen durch Verdampfung gleichmäßig an der Wahrnehmungsschwelle in den Raum gebracht. Die Intensität des Duftes ist stufenweise regulierbar (Leichtle 2009).

Somit lässt sich festhalten, dass es für jede Art von Point of Sale eine Möglichkeit gibt, Räume mit Duftstoffen auszustatten. Wichtig bei der Findung der passenden Methode ist, dass die Einflussfaktoren wie oben erläutert, berücksichtigt werden. Die entscheidende Größe ist hierbei natürlich der Kostenfaktor und somit die wirtschaftliche Situation des Unternehmens.

2.4 Hypothesen

In dem Riechexperiment und der experimentellen Feldbeobachtung wurden folgende Hypothesen aufgestellt und überprüft:

Tab. 1: Hypothesen

Hypothese 1	Es gibt signifikante Zusammenhänge zwischen den verschiedenen Geschlechtern und dem am angenehmsten empfundenen Duft.
Hypothese 2	Es gibt signifikante Zusammenhänge zwischen Alter und dem am angenehmsten empfundenen Duft.
Hypothese 3	Es gibt signifikante Zusammenhänge zwischen Beruf und dem am angenehmsten empfundenen Duft.
Hypothese 4	Es gibt signifikante Zusammenhänge zwischen der Zuordnung von negativen Charaktereigenschaften und der Bewertung des Duftes.
Hypothese 5	Der am angenehmsten empfundene Duft hat positive Auswirkungen auf den Umsatz am POS.
Hypothese 6	Der am angenehmsten empfundene Duft hat positive Auswirkungen auf die Besuchszeiten des Konsumenten am POS.

Quelle: Henning 2015

3 Methode

3.1 Untersuchungsdesign

Die Forschungsmethodik beinhaltete zwei wesentliche Bestandteile: Den Erhebungs- und Fragebogen verbunden mit dem ersten Experiment, dem Riechtest und der experimentellen Feldbeobachtung verbunden mit einem zweiten Experiment, zur Steigerung des Umsatzes und den Besuchszeiten unter Einfluss von Raumbeduftung einer Boutique. Der aus dem Erhebungs- und Fragebogen resultierende am angenehmsten empfundene Duft wurde in einer Modeboutique eine Woche lang, als Raumbeduftung eingesetzt, um zu überprüfen, ob er Auswirkungen auf den Umsatz der Boutique und die Besuchszeiten der Kunden hat.

Der Fragebogen befasste sich mit der Bewertung von sechs verschiedenen Düften. Die Probanden wussten nicht, um welchen Duft es sich jeweils handelte. Jeder Duft wurde zunächst von sehr angenehm bis sehr unangenehm bewertet. Anschließend erfolgte die Zuordnung von Charaktereigenschaften der Düfte. Bei jeder Bewertung der Düfte 1 bis 6 handelte es sich um eine Skala von fünf Abstufungen, die einer einheitlichen und adäquaten Auswertung diente. Nachdem alle Düfte bewertet wurden und ihnen Charaktereigenschaften wie beispielsweise frisch oder stechend zugeordnet wurden, erfolgte eine abschließende Bewertung der Düfte.

Der Erhebungs- und Fragebogen inklusive dem Riechtest diente dazu, die erste Forschungsfrage: Welchen Duft empfindet der Mensch als sehr angenehm zu beantworten. Anschließend erfolgte eine experimentelle Feldbeobachtung verbunden mit einem Experiment. Daraus ergab sich die Beantwortung der zweiten Forschungsfrage: „Welcher Duft hat Auswirkungen auf den Umsatz und die Besuchszeiten am POS?".

3.2 Aufbau Riechexperiment

Das Riechexperiment selbst bestand aus sechs Gläsern, die jeweils von eins bis sechs durchnummeriert waren. Es standen nur sechs Düfte zur Auswahl, da der Mensch in kurzer Zeit nur wenig verschiedene Düfte voneinander unterscheiden kann ohne, dass dabei die Gerüche sich vermischen (Degel 2005). Die Beschränkung auf die Darbietung von sechs Düften sollten die Probanden zudem nicht überfordern und ihnen eine differenzierte Unterscheidung ermöglichen. In den Gläsern selbst befanden sich verschiedene Duftöle, die mit ein wenig Wasser versetzt waren. Der Proband selbst wusste nicht welche Duftsorten sich in den Gläsern befanden, da ansonsten seine Wahrnehmung gestört wäre und er eventuell Vorurteile gegenüber den dargebotenen Reizen hätte. Somit käme es zu verfälschten Ergebnissen. Welcher Duft sich hinter welcher Zahl versteckte, wurde zu Beginn festgehalten und war für jeden Probanden identisch, so dass eine Standardisierung gewährleistet war. Damit die Duftöle nicht zu intensiv rochen, wurden pro Glas nur maximal drei Topfen verwendet und mit Wasser versetzt. Somit wurde die Konzentration des Duftstoffes nicht zu stark und die Wahrnehmung des Probanden lag zwischen der Erkennungsschwelle und der Unterschiedsschwelle (Birbaumer & Schmidt 2010). Wenn der Duft eine zu hohe Intensität aufwies, reagierte das Gehirn sofort ablehnend gegen den Duftstoff, obwohl dieser in einer exakten Konzentration als annehmlich empfunden wurde. Daher war bei diesem Experiment darauf zu achten, dass diese Vorgaben bei der Umsetzung eingehalten wurden. Das Wasser sorgte zusätzlich dafür, dass der Duftstoff etwas neutralisiert wurde.

Die Wahl der sechs Düfte beruhte auf dem Duftwirkungsmodell nach Jellinek (1994). Grundsätzlich ist das Modell zum einen in die vier wesentlichen Geruchsrichtungen eingeteilt: süß, sauer, bitter und basisch. Von süß bis sauer erfolgen die Richtungen blumig, fruchtig, grün und wässrig. Von sauer bis bitter gibt es würzig, holzig und krautig. Von bitter bis basisch gehören die Duftrichtungen moosig, ranzig, fettig und käsig. Von basisch bis süß gibt es urinös, honigartig und balsamisch. Aufgrund der Tatsache, dass zum einen der Proband nicht gestresst und zum anderen annehmliche Düfte getestet werden sollten, schieden die Geruchsrichtungen von bitter bis basisch sowie der Anfang von basisch Richtung süß aus.

Im Ergebnis konnten einige signifikante Aussagen zur Wirkung der verwendeten Düfte bezüglich der Zielgruppe sowie möglicher positiver Auswirkungen als Raumbeduftung auf Umsatz und Besuchszeiten am POS gemacht werden.

Damit sich der Konsument am POS wohlfühlte, sollten die Düfte entspannend und anziehend wirken. Dementsprechend wurden die folgenden Düfte ausgewählt.

Tab. 2: Definition der Düfte für das Riechexperiment

Duft 1	Vanille
Duft 2	Maiglöckchen
Duft 3	Moschus
Duft 4	Kiefernnadeln
Duft 5	Lavendel
Duft 6	Zitrone

Quelle: Henning 2015

Der Duft von Vanille riecht süßlich und ist daher narkotisierend. Ebenso kann der Duft von Vanille erheiternd und aphrodisierend wirken (Gutjahr 2015). Der Maiglöckchenduft steht für blumig und sanft. Er wirkt beruhigend und aphrodisierend (Hatt & Dee 2011). Grund hierfür ist, dass nach einer Forschung des Geruchsexperten Hans Hatt, die Eizellen der Frau nach Maiglöckchen riechen. Vor dem Hintergrund, dass jeder Mensch in einer Eizelle entstanden ist und dort geschützt war, verbindet er mit diesem Duft oftmals etwas Geborgenheit und Beruhigendes. Der Duft von Moschus wird aus der Drüse am Bauch vom Moschustier gewonnen und wird oft zusätzlich zu Parfümen hinzugegeben. Er hat aphrodisierende Wirkung und stellt eine Kombination aus leicht-süß, leicht-holzig und fruchtig dar. Der gewählte Kiefernnadelduft liegt zwischen holzig und harzig. Er kann stimulierend, belebend und konzentrationsfördernd wirken (Krähmer 2015). Der Duft von Lavendel ist eher blumig, aber auch teilweise würzig und krautig. Er wirkt beruhigend, ausgleichend und entspannend auf den Menschen. Der sechste und letzte Duft entstammt der Zitrone. Er riecht fruchtig und wird als erfrischend und belebend empfunden (Goris & Hutter 2011).

3.2.1 Riechexperiment Durchführung

Zunächst wurden vom Probanden die demographischen Daten, hier das Geschlecht, das Alter, die Nationalität, der Familienstand und der Beruf abgefragt. Erst danach erfolgte der Aufbau von Duft 1 vor dem Probanden, damit die Gerüche nicht schon während der Dateneingabe von ihm wahrgenommen wurden. Vor der Testperson stand ein Glas mit Vanilleduft. Der Proband wusste aber nicht, um welchen Duft es sich hierbei handelt, sondern sah nur die Aufschrift „Duft1" auf dem Glas. Zuerst musste der Proband an Duft 1 riechen und den olfaktorischen Reiz als sehr angenehm, angenehm, neutral, unangenehm oder sehr unangenehm bewerten. Anschließend musste er aus der folgenden Auswahl die passenden Eigenschaften dem Duft zuordnen: minzig, blumig, sanft, leicht, zurückhaltend, lieblich, frisch, süßlich, appetitlich, schwer, ranzig, scharf, aggressiv, aufdringlich, muffig und stechend. Anschließend erfolgte der Abbau von Duft 1 und der Aufbau von Duft 2. Hier war derselbe Ablauf wie bei Duft 1. Danach wurde Duft 2 wieder ab- und Duft 3 aufgebaut. Dieser Vorgang wiederholte sich bis zum sechsten Duft. Erst nachdem dem sechsten Duft die Charaktereigenschaften zugeordnet wurden, wurden noch einmal alle sechs Düfte vor dem Probanden aufgebaut, damit dieser den am angenehmsten empfundenen Duft auswählen und somit die letzte Frage beantworten konnte. Aufbau und Abläufe waren standardisiert und bei jedem Probanden gleich.

3.3 Experimentelle Feldbeobachtung

Basierend auf den Auswertungen aus dem Erhebungs- und Fragebogen, wurde in einer Modeboutique, der am angenehmsten empfundene Duft, der aus dem Erhebungs- und Fragebogen resultierte, als Raumbeduftung am POS eingesetzt. Während die Raumbeduftung in der Boutique implementiert war, wurden eine Woche lang die Verweildauer der Kunden sowie der Umsatz beobachtet. Damit sollte die zweite Forschungsfrage: „Welcher Duft hat positive Auswirkungen auf den Umsatz und die Besuchszeiten am POS?" beantwortet werden.

3.3.1 Aufbau

Zunächst war es relevant, die Zielgruppe basierend auf den Erhebungs- und Fragebogen der Modeboutique zu definieren. Die Boutique führt Kleidung, Schmuck und Wohnaccessoires, ausschließlich für Frauen. Dementsprechend gibt es Artikel, die sich in der unteren Preiskategorie zwischen 5–20 Euro, aber auch Kleidungsstücke die bis zu circa 250 Euro verkauft werden. Laut Aussage der Boutiqueinhaberin, kaufen dort in erster Linie die Alterskategorien 30–49 sowie 50–64 Jahre ein. Der durchschnittliche Umsatz pro Monat beträgt ca. 8.000 Euro. Die Boutique hat sechs Tage die Woche geöffnet. Im Durchschnitt besuchen pro Tag 15 Kunden die Modeboutique.

Im Folgenden werden Aspekte der technischen Umsetzung der Raumbeduftung erörtert.

Die Verkaufsfläche der Boutique beträgt 75 Quadratmeter und das Volumen des Ladenlokals umfasst 202,5 Kubikmeter. Aufgrund der bereits o. a. Ausführungen wurde eine Duftsäule eingesetzt. Gewählt wurde das Modell von Aircreative Classic Line 982. Es verfügt über eine Beduftungskapazität von maximal 200 Quadratmetern und ist zugleich die kleinste Säule. Die Duftsäule wurde in der Nähe der Verkaufstheke positioniert, damit sie nicht direkt auffällt und durch ihre zentrale Lage den Raum effektiver mit Duft ausstatten kann. Nachteil der kleineren Version ist, dass die Säule den Duft nicht neutralisieren und es eventuell dazu kommen kann, dass dieser zu intensiv wirkt.

Der Beobachtungsbogen wurde in zwei Kategorien eingeteilt. Zum einen gab es einen Bogen, der den Umsatz pro Tag festhalten sollte, der andere war für die Beobachtung der Besuchszeiten der Kunden konzipiert. Hier wurde für jeden Kunden pro Tag die Eintrittszeit in den Laden und die Zeit, wenn der Kunde den Laden verlässt, eingetragen. Zur Vergleichbarkeit wurde zu Beginn der Untersuchung eine Referenz ohne Duft erfasst. Diese lief identisch ab. Bei ca. 65 % der Kunden handelt es sich um Stammkunden, die restlichen 35 % sind der Laufkundschaft zuzuordnen.

4 Ergebnisse der Untersuchung

Die Auswertung der Verteilung der Endbewertung ergab, dass von 158 Probanden 58 (36,7 %) Personen den ersten Duft, den der Vanille am angenehmsten empfinden. Weitere 18 (11,4 %) Testpersonen haben sich für den Duft des Maiglöckchens entschieden. 36 (22,8 %) Personen entschieden sich für den dritten Duft, den des Moschus und 9 (5,7 %) Probanden haben den Duft der Kiefernnadeln und somit den vierten Duft als am angenehmsten bewertet. Von den 158 Testpersonen entschieden sich 16 (10,1 %) für den fünften Duft, den des Lavendels. Schließlich präferierten die letzten 21 (13,3 %) Probanden den Duft der Zitrone. Nachfolgend werden die Ergebnisse der Endbewertung in einem Kreisdiagramm dargestellt.

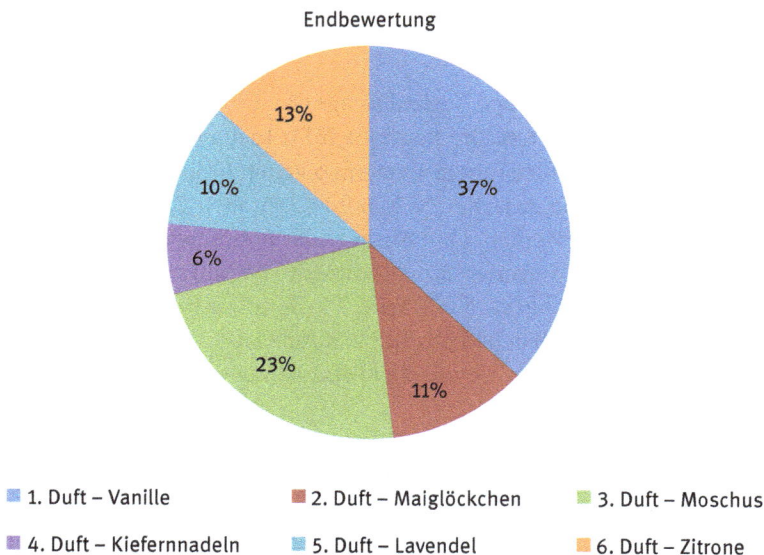

Abb. 1: Endbewertung der Düfte (Quelle: Henning 2015)

Die oben dargestellte Graphik zeigt, dass der Duft von Vanille insgesamt am angenehmsten empfunden worden ist und somit für die experimentelle Feldbeobachtung genutzt wird.

4.1 Interpretation der Ergebnisse des Riechexperimentes

Die Endbewertung der Düfte ergibt, dass der Duft von Vanille als am angenehmsten empfunden wurde. Das nachfolgende Netzdiagramm zeigt die affinen demographischen Kategorien der einzelnen Probanden bezüglich des prioritären ersten dargebotenen Duftes.

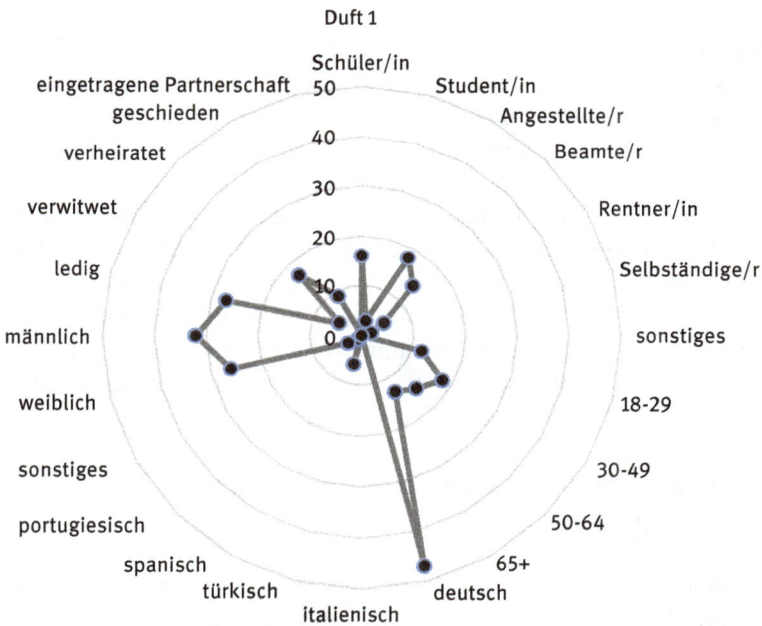

Abb. 2: Netzdiagramm Zusammenfassung der demographischen Daten (Quelle: Henning 2015)

Der Vanille-Duft wurde am häufigsten von den nachfolgenden demographischen Unterkategorien gewählt: Männer, 18–29 Jahre, Beamte, Ledige und Personen mit türkischem Migrationshintergrund. Bis auf die Berufskategorie „sonstiges", die Nationalitätenkategorie mit italienischer Herkunft sowie die Personen mit eingetragener Partnerschaft, haben alle Unterkategorien den Duft von Vanille am angenehmsten empfunden.

Eine Erklärung für diesen Befund ist, dass Duft-Wissenschaftler u. a. den leichten Vanilleduft der Muttermilch dafür verantwortlich machen. So assoziieren die Menschen von Kindheit an den Duft von Vanille mit Geborgenheit (Kegel, 2013). Außerdem wird der Duft von Vanille als angenehm empfunden, da er mit positiven Erinnerungen an die Weihnachtszeit verknüpft ist – Die Bewertung eines Duftes ist anerzogen oder durch persönliche Erfahrungen geprägt (Hatt 2012).

Die Endbewertung der Düfte ist in der getesteten Stichprobe unabhängig vom Alter sowie vom Geschlecht. Auf Grundlage der o. g. Erkenntnisse lassen sich auch die Ergebnisse des Korrelationstestes der demographischen Daten in Bezug auf die Endbewertung der Düfte erläutern. Das hat zu Folge, dass die Ergebnisse sowie die theoretischen Erkenntnisse einen Hinweis darauf geben, dass die Wahrnehmung von olfaktorischen Reizen von Erinnerungen, Erfahrungen und Assoziationen geprägt ist. Diese sind bei jedem Menschen verschieden und bedingen entsprechend differenzierter Wahrnehmungen olfaktorischer Reize.

Bei der Überprüfung des Zusammenhangs zwischen dem Beruf und der Endbewertung des Duftes ergab der Test, dass es sich um einen signifikanten Zusammenhang mittlerer Stärke in der getesteten Stichprobe handelt. Jedoch gibt es für dieses Ergebnis keine plausiblen wissenschaftlichen Erklärungen. Somit handelt es sich hierbei um mögliche Scheinzusammenhänge.

Die Ergebnisse des Zusammenhangstestes zwischen der Zuordnung von negativen Charaktereigenschaften und der Duftbewertung haben in der Stichprobe ergeben, dass es Düfte gibt, bei denen die Zuordnung der negativen Eigenschaften im Zusammenhang mit der Bewertung stehen. Dies trifft jedoch nicht für alle sechs getesteten Düfte zu. Eindeutige Zuordnungen von Charaktereigenschaften und Duftbewertung lassen sich u. a. auf bereits gemachte Erfahrungen zurückführen. Andererseits erschweren mangelnde Erfahrungen eine eindeutige Zuordnung von negativen Charaktereigenschaften, die sich dann folglich nicht in der Duftbewertung widerspiegeln.

4.2 Auswertung der Ergebnisse der experimentellen Feldbeobachtung

In dem Zeitraum ohne Raumbeduftung erwirtschaftete die Modeboutique einen Gesamtumsatz von 2.063 Euro. Dies entspricht einem Durchschnittsumsatz von 344 Euro pro Tag. Bei 96 Kunden in der Woche ergibt sich daraus ein Umsatz von durchschnittlich 21,49 Euro pro Kunde.

Nachstehend werden die Beobachtungsbögen der experimentellen Feldbeobachtung mit der Raumbeduftung Vanille erläutert und ausgewertet.

In dem zweiten Zeitraum machte die Modeboutique einen Gesamtumsatz von 2.404 Euro. Das bedeutet, dass im Durchschnitt pro Tag ein Umsatz von 401 Euro zustande kam. Der Umsatz pro Kunde liegt im Schnitt bei 23,59 Euro.

Beim Vergleich der beiden erfassten Zeiträume kommt man zu folgenden Ergebnissen:

Im Zeitraum mit Raumbeduftung waren 6 Kunden mehr in der Woche zu Besuch in der Boutique. Es wurde ein Mehrumsatz von 341 Euro und ein Tages-Durchschnittsumsatz von 57 Euro mehr als im Zeitraum ohne Raumbeduftung erzielt. Daraus resultiert ein durchschnittlicher Mehrumsatz pro Kunde in Höhe von 2,10 Euro. Die gesamte Umsatzsteigerung beträgt 16,52 % bei einer Steigerung des Umsatzes pro Kunde im Schnitt von 9,77 %.

Bei der gesamten Verweildauer der Kunden wurden die einzelnen Besuchszeiten in Summe genommen. In der Beobachtungsphase ohne Raumbeduftung ergeben die Besuchszeiten der Kunden insgesamt 21 Stunden und 32 Minuten in sechs Tagen. In dem Zeitraum danach, mit Raumbeduftung, kommt man auf eine Summe der Verweildauer der Kundschaft von 28 Stunden und 13 Minuten. Das sind sechs Stunden und 28 Minuten mehr als in der Woche zuvor. Somit verweilt jeder Kunde im Schnitt 3,2 Minuten mehr pro Tag in der Boutique mit Raumbeduftung. Daraus ergibt sich eine prozentuale Steigerung der Besuchszeiten von 24,42 % pro Kunde pro Tag.

4.3 Interpretation und kritische Betrachtung der Ergebnisse

Im Zeitraum ohne Implementierung der Raumbeduftung ist der fünfte Tag der umsatzstärkste Tag. Der Grund hierfür kann sein, dass zum einen die Modeboutique eine Monopolstellung im Stadtteil hat. Aufgrund der Tatsache, dass 35 Prozent der Kunden Laufkundschaft sind und ein erhöhtes Kundenaufkommen nach Mittag zu beobachten ist, kann der Grund hierfür sein, dass ein großer Teil der berufstätigen Einwohner von ihrer Arbeit kommen und einkaufen gehen.

An beiden Samstagen spiegelt sich das typische Verhaltensmuster der deutschen Gesellschaft nicht wider, was in der nachfolgenden Statistik dargelegt wird. Grund hierfür ist, dass trotz regnerischem Wetter eingekauft wurde.

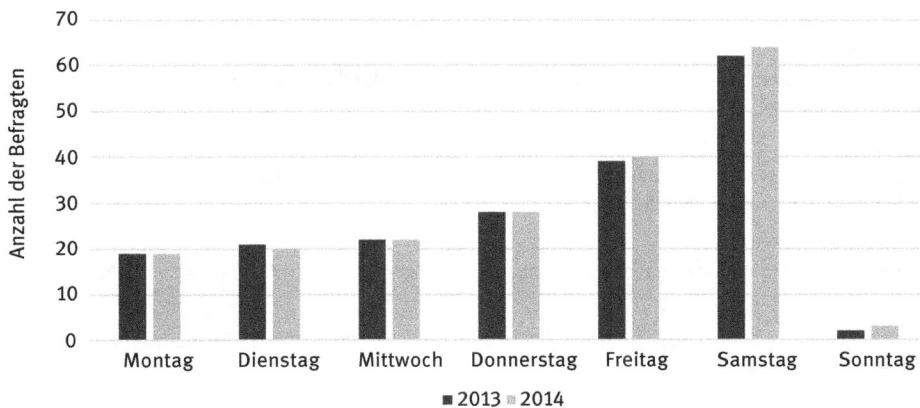

Abb. 3: Bevölkerung in Deutschland nach bevorzugten Einkaufstagen (Quelle: Henning in Anlehnung an Statista 2015)

Für die allgemeine Betrachtung der Umsätze pro Kunde ist es wichtig festzuhalten, dass hier Durchschnittswerte anhand des Gesamtumsatzes und der Kundenanzahl berechnet werden. Dabei ist zu berücksichtigen, dass nicht jeder Kunde zugleich Käufer ist. Während der Implementation der Raumbeduftung, wurde das Verkaufspersonal zudem mehrfach auf den angenehmen Duft in der Boutique angesprochen, und zum anderen teilten zwei neue Kundinnen mit, dass ihnen das angenehme Ambiente des Ladens empfohlen wurde.

Bei der Auswertung der Gesamtverweildauer der Kunden pro Tag wurden parallele Besuche nicht miteinbezogen, so handelt es sich immer um eine Aufsummierung einzelner Besuchszeiten von Kunden.

Die Ergebnisse sind ein Indiz dafür, dass aufgrund der implementierten Raumbeduftung mit Vanille-Duft sich positive Auswirkungen auf die Verweildauer der Kunden und der Umsätze ergeben haben.

4.4 Reflexion der Hypothesen

Die aufgestellten Hypothesen werden nachfolgend zusammengefasst dargestellt und verifiziert bzw. falsifiziert. Die Bestätigung einer Hypothese wird durch ein "+" markiert. Bei Nichtbestätigung der Hypothese wird dies durch ein „–" signalisiert.

Tab. 3: Reflexion der aufgestellten Hypothesen

Hypothese 1: **Es gibt signifikante Zusammenhänge zwischen den verschiedenen Geschlechtern und dem am angenehmsten empfundenen Duft.**	–
Hypothese 2: **Es gibt signifikante Zusammenhänge zwischen dem Alter und dem am angenehmsten empfundenen Duft.**	–
Hypothese 3: **Es gibt signifikante Zusammenhänge zwischen dem Beruf und dem am angenehmsten empfundenen Duft.**	–
Hypothese 4: **Es gibt signifikante Zusammenhänge zwischen der Zuordnung von negativen Charaktereigenschaften und der Bewertung des Duftes.**	–
Hypothese 5: **Der am angenehmsten empfundene Duft hat positive Auswirkungen auf den Umsatz am POS.**	+
Hypothese 6: **Der am angenehmsten empfundene Duft hat positive Auswirkungen auf die Besuchszeiten des Konsumenten am POS.**	+

Quelle: Henning 2015

Die erste und zweite Hypothese konnten nicht bestätigt werden, da es in beiden Fällen keinen signifikanten Zusammenhang in der getesteten Stichprobe zwischen den Merkmalen gab. Dementsprechend sind das Geschlecht und das Alter unabhängig von der Wahrnehmung olfaktorischer Reize.

Die dritte Hypothese konnte zwar verifiziert werden, da es sich hierbei um einen signifikanten mittelstarken Zusammenhang in der Stichprobe handelt. Allerdings gibt es keine plausible Erklärung, wieso die Endbewertung vom Beruf abhängig ist. Hierfür existieren zurzeit noch keine Studien, die dies belegen können. Auch eine dritte Variable, die für den Zusammenhang von Beruf und Endbewertung in der Stichprobe verantwortlich sein könnte, entfällt.

Die vierte Hypothese weist bei drei Düften in der Stichprobe einen signifikanten mittelstarken Zusammenhang zwischen der Zuordnung von negativen Charaktereigenschaften und der Bewertung der Düfte aus. Aufgrund der Tatsache, dass bei den anderen drei Düften jedoch kein signifikanter Zusammenhang in der getesteten Stichprobe nachgewiesen wurde, kann diese Hypothese nicht eindeutig bestätigt werden.

Der Duft von Vanille, der von den Probanden als am angenehmsten empfunden wurde, hat positive Auswirkungen auf den Umsatz in dem getesteten Zeitraum. Dies ist erkennbar durch die Vorher-Nachher-Beobachtung der Umsatzentwicklung. Hierbei wurden das Wetter, Aktionen in der Boutique sowie Feiertage und kommerzielle Festtage mitberücksichtigt, da diese Auswirkungen auf den Umsatz haben. Allerdings sollten, wie oben bereits erläutert, in erweiterten Forschungsarbeiten weitere Einflussfaktoren des Käuferverhaltens mitberücksichtigt werden, um die Schlussfolgerungen, die aus der vorliegenden Arbeit hervorgehen, zu bestätigen. Somit kann die fünfte Hypothese bestätigt werden.

Ebenso kann die sechste Hypothese bestätigt werden, da es im getesteten Zeitraum mit der Implementation des Vanille Duftes als Raumbeduftung, es im Schnitt zu längeren Besuchszeiten kam. Auch hier wurden wie bei der Umsatzbetrachtung die gleichen Einflussfaktoren berücksichtigt.

5 Diskussion der Ergebnisse

Die theoretischen Grundlagen der vorliegenden Arbeit, die auf den neurowissenschaftlichen Erkenntnissen beruhen, haben gezeigt, dass der Verbraucher beim Kauf eines Produktes zu 98 % unbewusst entscheidet. Er wird von den Wahrnehmungen der Umwelt zu einer Kauf- oder Nicht-Kaufentscheidung geführt. Damit die Unternehmen die Konsumenten für sich gewinnen können und diese ihre Produkte kaufen, müssen sie sich von ihren Wettbewerbern deutlich abgrenzen und vom Konsumenten implizit wahrgenommen werden. Ein entscheidendes Instrument hierzu ist das erlebnisorientierte Marketing, welches sich grundsätzlich der Ansprache der menschlichen Sinne bedient. Ein wesentlicher Bestandteil des erlebnisorientierten Marketings ist die Gestaltung des POS. Die Ergebnisse zeigen, dass durch den gezielten Einsatz von Raumduft am POS die Geruchssensorik der Kundschaft erfolgreich mit dem Ziel einer umsatzsteigernden Wirkung angesprochen werden kann.

Die Ergebnisse zeigen, dass durch die Raumbeduftung zum einen der Konsument im Schnitt sich 3,2 Minuten länger am POS aufhält und sich dadurch intensiver mit dem Sortiment des Ladens auseinandersetzt und sich der Einfluss des Duftes auch positiv auf den Umsatz auswirkt. Dies spiegelt sich besonders in dem Ergebnis der durchschnittlichen Umsatzsteigerung von 16,52 % wider.

6 Fazit und Ausblick

Das Gebiet der Neuroökonomie hat in Bezug auf die Positionierung eines Unternehmens eine große Bedeutung. Jedoch gibt es bis heute nur relativ wenige Beispiele aus dem Einzelhandel, wo Kunden über den Duft am POS angesprochen werden. Grund hierfür ist, dass es offensichtlich nicht viele Unternehmen gibt, denen die Wirkungsweise der Ansprache der menschlichen Sinne am POS bekannt ist und die sich somit auch nicht mit der neurowissenschaftlichen Forschung auseinandersetzten. Allerdings trifft der Konsument seine Kaufentscheidungen zum größten Teil implizit. Das bedeutet, dass aufgrund der äußeren, nicht sofort wahrnehmbaren Einflussfaktoren, neuronale Impulse an das Gehirn weitergeleitet werden. Darüber hinaus erschweren die verdichteten Märkte eine starke Positionierung am Markt und werden aufgrund der hohen Wettbewerbsintensität somit auch nicht vom Kunden wahrgenommen. Daher haben die Unternehmen einen sehr großen Handlungsbedarf, sich von anderen Unternehmen zu differenzieren, um im Markt bestehen bleiben zu können.

Durch die Implementierung von Raumbeduftung am POS ist es dem Unternehmen grundsätzlich möglich, sich von Mitkonkurrenten abzugrenzen. Entscheidende Voraussetzung ist, dass der implementierte Duft situations- und zielgruppenspezifisch ausgewählt wird.

Somit ist festzuhalten, dass Unternehmen, die sich am Markt positionieren und weiterentwickeln wollen, sich mit neuen Strategien am POS auseinandersetzen sollten. Gezielt ausgebrachte Duftstoffe in den Verkaufsräumen können mit hoher Wahrscheinlichkeit die Kundenaufenthaltsdauer am POS sowie die Umsatzzahlen steigern. Dabei sollte die Raumbeduftung in ein ganzheitliches Konzept zum erlebnisorientierten Marketing eingebunden sein.

Literatur

Birbaumer, N. & Schmidt, R. (2010). *Biologische Psychologie*. Heidelberg: Springer Medizin Verlag.

Bruhn, M. (2004). *Handbuch- Markenführung*. Wiesbaden: Springer Fachmedien Verlag.

Chlupsa, C. (2013). *The Impact of Implicit Motives in the Decision-Making Process*. Plymouth: University of Plymouth.

Degel, J. (2005). Spezielle Eigenschaften der Duftwahrnehmung. In Gaiser, B., Linxweiler, R. & Brucker, V. (Hrsg.), *Praxisorientierte Markenführung: Neue Startegien, innovative Instrumente und aktuelle Fallstudien*, S. 449–498. Wiesbaden: Springer Fachmedien Verlag.

Diaconu, M. (2005). *Tasten-Riechen-Schmecken*. Würzburg: Verlag Königshausen & Neumann GmbH.

Dunn, W. (2010). *Leben mit den Sinnen – Wie Wahrnehmungsmuster unser Leben bestimmen*. Bern: Verlag Hans Huber, Hogrefe AG.

Esch, F. (2010). Wirkung von Markenemotionen- Neuroökonomie als neuer verhaltenswissenschaftlicher Zugang. In Bruhn, M. & Köhler, R. (Hrsg.), *Wie Marken wirken- Impulse der Neuroökonomie für die Markenführung*, S. 140–160. München: Franz Vahlen GmbH.

Gellert, S. (2009). *Duft und das identitätsbasierte Markenmanagement*. Hamburg: Diplomica Verlag.

Girad, M., Girad, A., Meyer, A., Rosenbusch, B. & Müller-Grünow, R. (2013). Markenduft als Treiber der Service Experience. *Marketing Review St. Gallen*, 6:70–80.

Goris, E. & Hutter, C. (2011). *Der Duft-Code: Wie die Industrie unsere Sinne manipuliert*. München: Heyne Verlag.

Grühling, B. (2013). Forscher bringen Ordnung in Gerüche. *www.welt.de*. Von http://www.welt.de/wissenschaft/article120157908/Forscher-bringen-Ordnung-in-Gerueche.html abgerufen.

Guski, R. (2000). *Wahrnehmung – Eine Einführung in die Psychologie der menschlichen Informationsaufnahme*. Stuttgart: W. Kohlhammer.

Gutjahr, G. (2015). *Markenpsychologie: Wie Marken wirken – Was Marken stark macht*. Wiesbaden: Springer Fchmedien Verlag.

Hatt, H. (2011). *Das Maiglöckchen-Phänomen*. München: Piper Verlag GmbH.

Hatt, H. (2012). *Das kleine Buch vom Riechen und Schmecken*. München: Albrecht Knaus Verlag.

Häusel, H.-G. (2002). *Limbic Success- So beherrschen Sie die unbewussten Regeln des Erfolgs- die besten Strategien für Sieger*. München: Rudolf Haufe Verlag GmbH & Co. KG.

Häusel, H.-G. (2014). *Neuroökonomie – Erkenntnisse der Hirnforschung für Markenführung, Werbung und Verkauf*. Freiburg: Haufe.

Kahnemann, D. (2011). *Schnelles Denken, Langsames Denken*. München: Siedler.

Kilian, K. & Brexendorf, T.-O. (2005). Multisensuale Markenführung als Differenzierungs-und Erfolgsgröße. *Business Report*, S. 11–15.

Knoblich, H., Scharf, A. & Schubert, B. (2003). *Marketing mit Duft*. München: Oldenbourg.

Krähmer, B. (2015). *Ätherische Öle kompakt*. München: Irisiana.

Krishna, A. (2010). *Sensory Marketing – Research on the sensuality of products*. New York: Taylor and Francis Group.

Kroeber-Riel, W. & Gröppel-Klein, A. (2013). *Konsumentenverhalten*. München: Franz Vahlen Verlag.

Kroeber-Riel, W. & Weinberg, P. (2003). *Konsumentenverhalten*. München: Vahlen.

Leichtle, V. (2009). *Handbuch für atmosphärische Gestaltung im Hotel: Ambiente schaffen – Sinne berühren – Gäste begeistern*. Berlin: Erich Schmidt Verlag.

Lindstrom, M. (2011). *Brand Sense – Warum wir starke Marken fühlen,riechen, schmecken, hören und sehen können*. Frankfurt am Main: Campus Verlag GmbH.

Maiworm, R. (2001). Erste und zweite Nase. In Langthaler, W., Maiworm, R., Berger, R., Gierse, C. & Schneider, F. (Hrsg.), *Partnererkennung, Flirt und unsere zweite Nase*, S. 88–95. Münster: Waxmann Verlag GmbH.

Möll, T. & Esch, F. (2007). *Messung und Wirkung von Markenemotionen: Neuroökonomie als neuer verhaltenswissenschaftlicher Ansatz.* Wiesbaden: Deutscher Universiätsverlag.

Mücke, L. (2010). *Duft und Geruch – Wirkungen und gesundheitliche Bedeutung von Geruchsstoffen.* Heidelberg, München, Landsberg, Frechen, Hamburg: ecomed Medizin Verlag.

Müller, C. (2015). Neuromarketing: Mehr Umsatz mit dem richtigen Ort. *wuv.* Von http://www.wuv. de/marketing/Neuroökonomie_mehr_umsatz_mit_dem_richtigen_duft abgerufen.

Reiman, M. & Weber, B. (2011). *Neuroökonomie – Grundlagen-Methoden- Anwendungen.* Wiesbaden: Gabler.

Salzmann, R. (2007). *Multimodale Erlebnisvermittlung am Point of Sale – Eine verhaltenswissenschaftliche Analyse unter besonderer Berücksichtigung der Wirkungen von Musik und Duft.* Saarbrücken: Deutscher Universitäts Verlag.

Schandry, R. (2006). *Biologische Psycholgie.* Weinheim: Beltz Verlag.

Siegerstetter, S. (2009). *Duftmarketing im Gastgewerbe – Chancen und Risiken des Duftstoffeinsatzes zur Raumgestaltung.* Hamburg: Diplomica Verlag GmbH.

Stöhr, A. (1998). *Raumbeduftung als Erfolgsfaktor im Handel.* Wiesbaden: Springer Fachmedien.

Stöhr, A. (2008). Markenlust durch strategische Dufterlebnisse. In Gröppel-Klein, A. (Hrsg.), *Konsumentenverhaltensforschung im 21. Jahrhundert,* S. 441–465. Wiesbaden: Gabler Verlag.

Thinius, J. & Untiedt, J. (2013). *Events- Erlebnismarketing für alle Sinne – Mit neuronaler Markenkommunikation Lebensstile inszenieren.* Wiesbaden: Gabler Verlag, Springer Fachmedien.

Thompson, R. (2010). *Das Gehirn- Von der Nervenzelle zur Verhaltenssteuerung.* Heidelberg: Spektrum Akademischer Verlag.

Toutenburg, H. & Heumann, C. (2008). *Deskriptive Statistik – Eine Einführung in Methoden und Anwendungen mit R und SPSS.* Berlin, Heidelberg: Springer Verlag.

Watson, L. (2003). *Der Duft der Verführung – Das unbewusste Riechen und die Macht der Lockstoffe.* Frankfurt am Main: Fischer Verlag.

Lisa Maria Hindelang

Mit Duft den Erfolg steigern

Der Einfluss von olfaktorischen Reizen in der Bankenbranche

https://doi.org/10.1515/9783110700534-004

1 Problemstellung und Zielsetzung der Untersuchung

Seit Beginn der Finanzmarktkrise im Jahr 2007 haben die Kreditinstitute mit veränderten Kundenbedürfnissen und -anforderungen sowie mit den Regulierungsmaßnahmen der Bankenaufsicht zu kämpfen. Zusätzlich belasten andere Wettbewerber, wie Direkt- und Onlinebanken, der demografische Wandel und die Urbanisierung, Institute mit Filialen vor Ort (Hellenkamp 2015).

Für die deutschen Banken stellt die anhaltende Niedrigzinsphase eine große Herausforderung für Geldinstitute mit Filialen vor Ort dar (Dombret 2017). Im Zeitalter der Digitalisierung müssen die Institute um die Bindung ihrer Kunden kämpfen (Effert 2010). Auch das gesellschaftliche Ansehen der Kreditwirtschaft hat sich wesentlich verändert (Hellenkamp 2015). Das Vertrauen in die Banken hat gelitten und die Preissensibilität der Kunden nimmt stetig zu. Jedoch ist das Vertrauen die Grundlage für loyale und zufriedene Kunden, welche für die Banken von existenzieller Bedeutung sind (Effert 2010; Steinmann 2013).

Das Management steht verstärkt vor der Herausforderung, sich diesen Änderungen zu stellen, um den Kunden am Point of Sale für sich zu gewinnen. Dazu bieten sich die Erkenntnisse der Neuroökonomie an.

Die Neuroökonomie kommt durch neurowissenschaftliche Methoden zu dem Ergebnis, dass Konsumenten durch unbewusste, äußere Reize und Emotionen in ihren Entscheidungen beeinflusst werden (Raab, Gernsheimer & Schindler 2009).

Marketingeinflüsse wirken beim Empfänger oft implizit. Wenn Werbebotschaften im menschlichen Gehirn Emotionen auslösen, können sie das Verhalten der Konsumenten beeinflussen (Traindl 2004).

Olfaktorische Reize können Emotionen ebenfalls aktivieren (Hatt 2004). So konnten Studien von Hatt belegen, dass es einen Zusammenhang zwischen olfaktorischen Reizen und der Verweildauer von Kunden, sowie deren Umsatzhöhe und ihrer Bewertung der Marke gibt.

Der bislang von der Forschung eher vernachlässigte menschliche Geruchssinn gewinnt zunehmend an Bedeutung (Hatt 2004). Auch Unternehmen erkennen den Mehrwert von Gerüchen und setzen sie in ihrer Marketingstrategie ein. Düfte in Reinigungsmitteln oder Pflegeprodukten geben uns vermeintlich Auskunft über ihre Qualität, Fettlösekraft oder Frische. Der Geruch von Leder in einem Neuwagen überzeugt uns von der Wertigkeit des Produktes (Knoblich, Scharf & Schubert 2003). Auch Modelabels wie Victoria's Secret, Fluggesellschaften wie Singapore Airlines oder Reisebüros nutzen das sogenannte Air-Design, um dem Kunden ein Wohlgefühl zu vermitteln. Düfte sollen beim Kunden positive Assoziationen wecken und zum Wiedererkennungswert der Marke beitragen (Hatt & Dee 2011).

Das in einem Sportgeschäft durchgeführte Air-Design zog eine Umsatzsteigerung von 6 % und eine positivere Einschätzung des Point of Sale (POS) nach sich

(Stöhr, 1998). Auch in einer Modeboutique kam es durch einen olfaktorischen Reiz zu einer Steigerung des Umsatzes pro Kunde um 9,6 % (Henning, Chlupsa & Lean 2017).

Die Wirkung von Air-Design in der Bankenbranche wurde bisher noch nicht ausreichend empirisch untersucht. Das Ziel der Forschung ist die Beantwortung der Forschungsfrage: Wirkt sich der Einsatz von olfaktorischen Reizen in der Beratung zur Vorsorge und Anlage von Vermögensgegenständen positiv auf den Abschlusserfolg und die Kaufbereitschaft der Kunden aus?

Die Untersuchungsmethode ist ein Feldexperiment mit einer Stichprobe, bei dem Probanden einem olfaktorischen Reiz ausgesetzt sind. Um ein unnatürliches Verhalten der Testpersonen auszuschließen, wurde für das Experiment eine authentische und natürliche Umgebung gewählt.

2 Theoretischer Hintergrund

2.1 Werbe- und Konsumentenpsychologie

Die Neurowissenschaften beschäftigt sich mit dem Aufbau und der Funktion des Nervensystems. Ziel hierbei ist es, das Gehirn in seiner Aktivität darzustellen und die Verarbeitung von Reizen konkret zu lokalisieren, wobei technische Verfahren, wie die funktionelle Magnetresonanztomografie (fMRT), zum Einsatz kommen (Raab, Gernsheimer & Schindler 2009). Die fMRT erzeugt dreidimensionale Bilder mit Hilfe starker Magnetfelder. Sie stellt Regionen im Gehirn dar, welche eine erhöhte Stoffwechselaktivität haben (Weber 2011). Dabei wird deutlich, dass verschiedene Reize unterschiedliche Regionen in unserem Gehirn aktivieren.

Die Neuroökonomie nutzt die Erkenntnisse der Neurowissenschaften und ergänzt betriebswirtschaftliche Überlegungen mit neuen wichtigen Konzepten und Techniken (fMRT, EEG). Das Modell des „Homo oeconomicus" der Wirtschaftswissenschaften, in dem der klassische Konsument ausschließlich rational handelt, ist nicht länger haltbar. Die Neuroökonomie kommt zu dem Ergebnis, dass Konsumenten durch unbewusste Faktoren und Emotionen in ihren Entscheidungen beeinflusst werden (Raab, Gernsheimer & Schindler 2009).

Die Neuroökonomie hat das Ziel, mit Hilfe neurowissenschaftlicher Methoden alle Vorgänge im Gehirn zu verstehen und erklären zu können, und die Wirkung von Marken und Produkten auf den Menschen zu untersuchen, um damit die „Black Box" Mensch ein Stück zu öffnen (Reimann & Weber 2011; Schilke & Reimann 2007).

Für Unternehmen wird es immer wichtiger, dass sie sich mit den jeweils neuen Erkenntnissen der Neurowissenschaften auseinandersetzen, um am Markt bestehen zu können (Traindl 2004).

2.1.1 Implizite Wahrnehmung

Das menschliche Gehirn ist in zwei kognitive Systeme eingeteilt: System 1 und System 2. Das Erste, auch implizites System genannt, ist unser Autopilot. Es reagiert sehr schnell, automatisch und ganz ohne Steuerung durch unseren Willen, wie das automatische Zuwenden zu einer plötzlich auftretenden Geräuschquelle. Es ist für unsere implizite Wahrnehmung zuständig und handelt unwillkürlich (Kahneman 2012). Das implizite System ist dafür verantwortlich, dass wir unsere Umwelt ständig unbewusst beobachten. Beim Anblick eines Bildes, auf dem eine Person abgebildet ist, analysieren wir automatisch ihren Gesichtsausdruck und versuchen unbewusst die emotionale Stimmung der Person zu deuten (Chlupsa 2017). Eindrücke und Gefühle entstehen in unserer impliziten Wahrnehmung stets spontan und unbewusst und beeinflussen Entscheidungen im System 2. Im System 2 sind uns unsere Handlungen bewusst. In ihm finden komplexe mentale Aktivitäten, wie das logische Denken und das Fällen bewusster Entscheidungen, statt (Kahnemann 2012). Doch die bewusste Wahrnehmung ist in ihrer Kapazität beschränkt. Das Problem zeigt sich, wenn sich uns eine unbekannte Person vorstellt und wir Schwierigkeiten haben, uns den Namen und das dazugehörige Gesicht zu merken (Scheier & Held 2012; Kopp 2015).

Werbebotschaften entfalten ihre Wirkung in unserer impliziten Wahrnehmung und haben für die Unternehmenskommunikation eine große Bedeutung, da sie die Markenbotschaften implizit vermitteln (Behrens & Neumaier 2008).

Für eine erfolgreiche Kommunikation dürfen die Botschaften nicht nur ausschließlich implizit vermittelt werden. Es ist auch immer ein expliziter Anteil notwendig, damit der Entscheider ein gutes Gefühl und damit die Sicherheit hat, seine Wahl rational getroffen zu haben (Chlupsa 2017).

Ein wichtiger Schlüssel zur Übermittlung von Markenbotschaften sind Emotionen. Die Produkte müssen durch Emotionen von den Kunden wahrgenommen werden, um somit ein gewünschtes Verhalten hervorzurufen (Traindl 2004).

2.1.2 Die Bedeutung von Emotionen für den Kaufentscheidungsprozess

Der Einfluss von Emotionen bei Entscheidungen ist besonders groß. Bechara & Damasio (2005) kamen in ihrer Arbeit zu dem Ergebnis, dass Menschen mit Schäden an Hirnarealen, welche für emotionale Prozesse zuständig sind, nicht in der Lage waren, Entscheidungen zu treffen. Die Schädigungen befanden sich an der Amygdala und dem ventromedialen präfrontalen Cortex (VM) (Bechara & Damasio 2005). Die Amygdala ist Teil des limbischen Systems. Sie reagiert sehr schnell auf eingehende Reize und bewertet sie. Der VM erhält die Informationen der Amygdala, reflektiert diese und steuert anschließend Emotionen und Verhalten (Birbaumer & Schmidt 2010).

Durch die Emotionen, die ein Kunde mit einer bestimmten Marke verknüpft, wird die Kaufentscheidung des Konsumenten auf unübersichtlichen Märkten erleichtert. Ein zeitintensives Vergleichen von Produkteigenschaften entfällt (Zurstiege 2015).

Denn starke Marken haben Einfluss auf die Präferenzen der Kunden, sie prägen die Vorstellungsbilder in den Köpfen und prägen das Markenimage beim Konsumenten. Das löst eine Bevorzugung gegenüber anderen Angeboten aus. Die Produkteigenschaften einer Marke mit einem hervorragenden Image werden viel besser bewertet als die von vergleichbaren Produkten. Der Effekt zeigt sich in der Coca-Cola Studie. In einer Blindverkostung ist der Unterschied zwischen Pepsi und Coca-Cola gering, 51 % der Teilnehmer bevorzugen Pepsi und 44 % Coca-Cola, nur 5 % haben keine Präferenz. Beim Verzehr mit aufgedeckten Markennamen bevorzugen 65 % der Teilnehmer Coca-Cola, nur 23 % Pepsi und 12 % erkennen keinen Unterschied (siehe Abbildung 1) (De Chernatony & McDonald 2003).

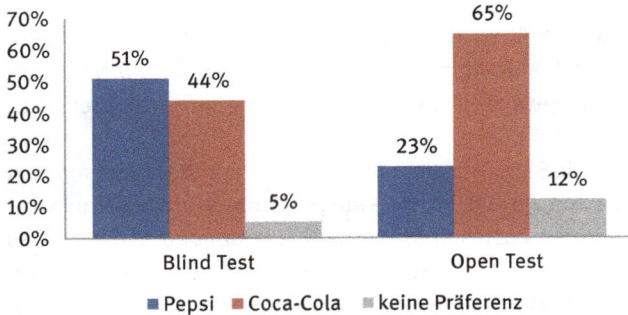

Abb. 1: Blindtest und Test mit offener Darbietung von Pepsi & Coca-Cola (Quelle: Eigene Darstellung in Anlehnung an De Chernatony & McDonald 2003, S. 14)

Esch et al. (2008) kommen in ihrer Studie zu dem Ergebnis, dass hoch emotionale Marken (z. B. Coca-Cola) den Probanden bekannter sind, die Markeneinstellung positiver und das Markenvertrauen größer ist, als bei gering emotionalen Marken (z. B. Motorola). Emotionen haben deshalb einen positiven Einfluss auf die Erinnerung von Marken, da sie Gehirnregionen aktivieren, die Gedächtnisinhalte und somit auch das Markenwissen abrufen.

Das bedeutet, je intensiver die Assoziation einer Marke mit bestimmten Emotionen ist, desto besser ist die Erinnerung. Die Aufgabe der Unternehmenskommunikation ist es, die Marke mit positiven Emotionen aufzuladen, um sie im Gedächtnis der Konsumenten verankern zu können (Esch & Möll 2009).

2.2 Besonderheiten der Geruchswahrnehmung

2.2.1 Grundlagen des Geruchssinns

Unser Riechsystem ist für das Erkennen und Beurteilen von Gerüchen zuständig, d. h. ob sie für uns angenehm oder unangenehm sind (Birbaumer & Schmidt 2010).

Jeder Mensch atmet täglich bis zu 20.000 Mal ein und aus. Dabei gelangen neben der Luft auch Duftmoleküle in unsere Nasenhöhle. Das bedeutet, immer wenn wir atmen, riechen wir (Myers 2016). Ganz oben in der Nasenhöhle befindet sich die Riechschleimhaut (Regio olfactoria). Sie ist ein 5 cm^2 großer, mit ungefähr 20 Millionen Riechsinneszellen ausgestatteter Bereich (Legrum 2015). In der Zellmembran der Riechsinneszelle befinden sich Rezeptoren. Der Mensch besitzt ungefähr 350 verschiedene Riechrezeptoren. Die Duftmoleküle stehen in direktem Austausch mit den passenden Rezeptoren, ähnlich einem Schlüssel-Schloss-Prinzip. Hierbei sind die Form und die elektrische Ladung des Moleküls von großer Bedeutung. Wenn Rezeptor und Duftmolekül zueinander passen, erzeugen Proteine der Zelle einen Botenstoff, der das Signal verstärkt (Hatt & Dee 2011).

Die Axone (Fila olfactoria) der Riechsinneszellen bündeln sich zum Hirnnerv (Nervus olfactorius) und gelangen über die feinen Poren der Siebbeinplatte zum Riechkolben (Bulbus olfactorius) (siehe Abbildung 2). Dort werden die Duftinformationen in elektrische Signale umgewandelt und über den Riechnerv zum Riechhirn transportiert (Silbernagl & Lang 2013).

Vom Riechhirn aus dringen die Signale anschließend zum Hypothalamus vor, und von dort aus weiter zum limbischen System, wo sie wahrgenommen und bewertet werden, ein Verhalten oder Emotionen auslösen (Silbernagl & Despopoulos 2012). Das Besondere am Geruchssinn ist, dass er als einziger Sinn einen direkten Zugang zum limbischen System hat und somit zu den Emotionen (Hatt 2004). Die kurzen Wege der Nervenbahnen sind für eine schnelle olfaktorische Wahrnehmung und emotionale Wirkung verantwortlich (Birbaumer & Schmidt 2010).

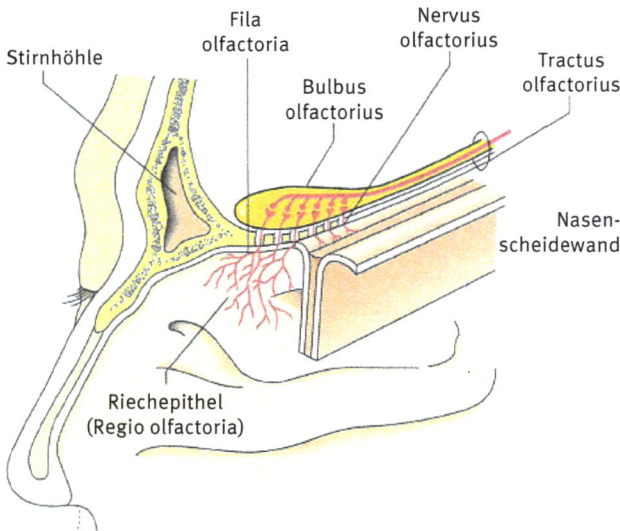

Abb. 2: Lage und Aufbau des Riechepithels (Quelle: Birbaumer & Schmidt 2010, S. 452)

2.2.2 Wahrnehmung und Wirkung von olfaktorischen Reizen

Die Wahrnehmung olfaktorischer Reize ist abhängig von der Art des Duftes, der Intensität und der Dauer des Reizes. Hierbei wird zwischen drei verschiedenen Schwellen unterschieden. Bei der Wahrnehmungsschwelle wird der Duft wahrgenommen, aber eine spezifische Zuordnung ist nicht möglich. Düfte innerhalb der Erkennungsschwelle sind uns bekannt, und die Unterscheidung von verschiedenen Düften ist in der Unterschiedsschwelle möglich (Hatt & Dee 2011; Rempel 2006).

Die Laborstudie von Berger, Hatt, & Ockenfels (2017) belegt, dass der Duftstoff Hedion das menschliche Verhalten beeinflusst. Der blumige Duft erregt einen Pheromonrezeptor und aktiviert dadurch ein Gehirnareal, welches an der Hormonsteuerung beteiligt ist. Probanden reagierten im Experiment auf andere Personen mit einer erhöhten Vertrauenswürdigkeit. Auf Freundlichkeit reagierten sie etwas freundlicher und bestraften nicht-kooperatives Verhalten anderer Personen stärker als Probanden der Kontrollgruppe. Ob Menschen über Pheromone kommunizieren, bedarf weiterer Untersuchungen. Fakt ist, dass es einen wechselseitigen Zusammenhang zwischen Düften und Verhaltensweisen gibt.

Gerüche lösen in uns Assoziationen aus – denn wir bringen bestimmte Gerüche häufig mit bestimmten Phasen oder Ereignissen aus anderen Lebensabschnitten in Verbindung. Duftstoffe sind Teil der Biografie jedes Individuums, denn sie begleiten uns im gesamten Lebenszyklus. Die Teilnehmer eines Experiments erkannten Gerüche aus der Kindheit, Kriegs- und Nachkriegszeiten wieder und assoziierten die Geruchsproben mit Emotionen und Erinnerungen aus diesen Lebensabschnitten. Teils waren diese Erinnerungen mit negativen, teils mit positiven Ereignissen verknüpft (Heckel, Rester & Seeberger 2012).

2.2.3 Gefahren beim Umgang mit Duftstoffen

Jeden Tag sind wir einer Vielzahl von Duftstoffen ausgesetzt. In allen Wasch- und Reinigungsmitteln, Kosmetika, Parfums, Duftkerzen und Vielem mehr sind sie enthalten. Auch Kaufhäuser werden über die Klimaanlage beduftet. Oft können sich die Konsumenten dem gar nicht entziehen. Außerdem sind viele Gerüche unter unserer Wahrnehmungsschwelle und uns somit nicht explizit (Umweltbundesamt, 2016; Straff 2006).

Jedoch sind bestimmte Duftstoffe zweithäufigster Auslöser einer Kontaktallergie oder Unverträglichkeit (Deutscher Allergie- und Asthmabund e. V. [DAAB], n. d.). Insgesamt gibt es 26 allergene Duftstoffe, die am meisten davon eingesetzten sind Citral, Limonene und Linalool. Ab einem Gewichtsanteil von 0,01 % sind die Bestandteile gesondert deklarationspflichtig (Umweltbundesamt, 2016; Verordnung über Detergenzien 2004). Probleme wie Rötungen oder Juckreiz, z. B. bei Kosmetika, treten häufig nach direktem Kontakt mit der Haut auf (Nagorka, Straff & Wolter 2016).

Zum Schutz der Verbraucher gibt es innerhalb der EU Regelungen über Einsatz, Verbote und Kennzeichnungspflichten von Duftstoffen durch die Chemikalienverordnung REACH und durch die EU-Detergenzienverordnung (Nagorka, Straff & Wolter 2016).

Der Einsatz von Duftstoffen in öffentlichen Räumen ist bisher gesetzlich nicht geregelt. Das Umweltbundesamt rät deshalb Duftstoffe maßvoll einzusetzen. Keinesfalls sollten ungesunde Gerüche in Innenräumen durch einen Duft überdeckt werden (Nagorka, Straff & Wolter 2016).

2.2.4 Empirische Befunde zu Zusammenhängen von olfaktorischen Reizen und ihrer Wirkung am Point of Sale

Marketingmaßnahmen haben beim Unternehmen das Ziel, den Kunden am POS zum Kauf der eigenen Produkte bewegen zu können. Schlechte Gerüche in den Verkaufsräumen, wie Schweiß, muffige oder abgestandene Luft, sorgen für eine unangenehme Atmosphäre und beeinflussen die Kaufentscheidung massiv (Legrum 2015). Air-Design gewinnt deshalb immer mehr an Bedeutung, um den Konsumenten außergewöhnliche, multisensuale Konsumerlebnisse am POS bereiten zu können (Knoblich, Scharf & Schubert 2003).

Heutzutage werden hauptsächlich Produkte oder Verpackungen beduftet, um entweder einen schlechten Eigengeruch des Produkts zu überdecken oder um die Qualität des Produkts hervorzuheben. Kunststoffteile eines Neuwagens, mit dem Geruch von Leder versetzt, suggerieren die Zugehörigkeit des Wagens zur Premiumklasse vor, und Reinigungsmittel überzeugen uns von ihrer Fettlösekraft und Reinlichkeit durch Zitrusduft (Knoblich, Scharf & Schubert 2003).

In der Studie von Knoblich, Scharf & Schubert (2003) wurde bestätigt, dass der Einsatz eines olfaktorischen Reizes in Verkaufsräumen des Einzelhandels einen positiven Einfluss auf die Stimmung, das Verhalten der Kunden und ihre Bewertung des Ladengeschäfts hat. Durch den olfaktorischen Reiz konnte die Rate der Impulskäufe gesteigert werden. Unter Dufteinfluss gaben 16,5 % der Konsumenten an, keine Kaufabsicht gehabt, trotzdem aber etwas gekauft zu haben – während es ohne Dufteinfluss nur 7,5 % der Befragten waren. Düfte regen jedoch nicht zu Mehrkäufen an, wenn bereits eine gewisse Kaufbereitschaft vor Betreten der Verkaufsräume vorlag.

Bei einer Felduntersuchung in einer Modeboutique führte der Einsatz von Vanilleduft zu einer Steigerung der Verweildauer pro Kunde pro Tag um 24,42 %. Das bedeutet, dass ein Kunde im Schnitt 3,2 Minuten länger in den Verkaufsräumen verweilt als ohne Vanilleduft. Außerdem steigerte sich der Umsatz pro Kunde um 9,77 % (Henning 2015).

In einem weiteren Feldexperiment in einem Sportgeschäft fand Stöhr (1998) heraus, dass durch einen Duft ein Umsatzwachstum von 6 % verzeichnet werden konnte. Die Kunden waren subjektiv zufriedener und bewerteten das Sortiment positiver.

Ebster & Jandrisits (2003) untersuchten in ihrer Studie die Wirkung von kongruenten, inkongruenten und mit keinem Duft durchfluteten Verkaufsräumen. Sie kamen zu dem Ergebnis, dass sowohl kongruente als auch inkongruente Düfte eine positive Wirkung auf die Stimmung der Versuchspersonen haben. Jedoch erzielt der kongruente Duft bessere Ergebnisse. Denn der Duft muss zum Produkt, zur Marke und zur jeweiligen Atmosphäre passen.

Die Bestimmung des optimalen Markenduftes erweist sich jedoch als schwierig und stellt, wegen der Vielseitigkeit des menschlichen Geruchssinns, eine hohe Herausforderung für die Unternehmen dar (Rempel 2006).

2.3 Hypothesen

In der Untersuchung wird der olfaktorische Reiz in Beratungsgesprächen eingesetzt und im Hinblick auf die Zielsetzung der Untersuchung wurden die folgenden Hypothesen aufgestellt und überprüft:

Hypothese 1: Wird in einem Beratungsgespräch zur Vorsorge und Anlage von Vermögensgegenständen ein olfaktorischer Reiz eingesetzt, ist die Anzahl der Kunden mit abgeschlossenen Anlagen größer.

Hypothese 2: Wird in einem Beratungsgespräch zur Vorsorge und Anlage von Vermögensgegenständen ein olfaktorischer Reiz eingesetzt, ist das investierte Volumen in die Anlagen höher.

3 Methode

3.1 Untersuchungsdesign

Bei der vorliegenden Untersuchung handelt es sich um eine quantitative Primärstudie in Form eines Feldexperiments. Ziel einer experimentellen Studie ist es, Ursache-Wirkungs-Mechanismen zu klären (Döring & Bortz 2016). Dafür wird die unabhängige Variable manipuliert, und alle weiteren Faktoren konstant gehalten. Der sich daraus ergebende Effekt wird anschließend in der abhängigen Variable gemessen (Myers 2016). Mit der Forschung soll herausgefunden werden, ob ein olfaktorischer Reiz die Kaufentscheidung von Bankkunden positiv beeinflusst. Dabei stellt der olfaktorische Reiz die unabhängige Variable dar. Er ist in Beratungsgesprächen zur Vorsorge und Anlage von Vermögensgegenständen aktiviert.

In dieser Untersuchung wurde die Form einer Feldstudie gewählt, da es sich für die Versuchspersonen um eine natürliche, authentische und bekannte Umgebung handeln soll und in einem Labor unnatürliche Handlungen der Versuchspersonen auftreten könnten (Huber 2013). Die Störfaktoren werden durch festgelegte Parameter kontrolliert. Die Parameter beschreiben konkret die zu treffenden Vorbereitungen und den Ablauf der Studie.

Diese Studie ist eine Einzeluntersuchung mit einer Stichprobe und findet als Blindversuch statt. Die Teilnehmer wissen nicht, dass sie an einer experimentellen Studie teilnehmen bzw. dass sie beeinflusst werden. Dadurch können die Ergebnisse besser kontrolliert werden, ohne dass es zu Verzerrungen kommt (Myers 2016).

3.2 Umgang mit Versuchspersonen

Bei der Planung eines Experiments sind vorab ethische und gesundheitliche Bedenken gegenüber den Teilnehmern zu klären (Döring & Bortz 2016). Die Unversehrtheit der Versuchsteilnehmer nach der Untersuchung muss gewährleistet sein (Reiß & Sarris 2012). Deshalb gibt es für die Untersuchung festgelegte Rahmenbedingungen, die das Gesundheitsrisiko gering halten:

Das verwendete ätherische Öl ist sehr niedrig dosiert. Das Haltbarkeitsdatum des ätherischen Öls darf, nach Anbruch der Flasche, nicht überschritten werden. Der Duft wird ständigen Qualitätskontrollen unterzogen und ist zu 100 % naturrein. Das bedeutet, dass das Produkt aus der unveränderten Ursprungspflanze stammt und keine synthetischen Zutaten enthält. Allergien und unerwünschte Nebenwirkungen lassen sich deshalb größtenteils ausschließen (Primavera, n. d.; Werner & Braunschweig 2016). Außerdem sind die Versuchsleiter darüber aufgeklärt, dass sie das Experiment sofort abbrechen müssen, sobald die Versuchspersonen Anzeichen für eine Unverträglichkeit zeigen oder über Unwohlsein klagen.

4 Analyse

4.1 Stichprobenkonstruktion

Bei der Stichprobe handelt es sich ausschließlich um Bestandskunden der Bank, die durch den zuständigen Kundenberater rekrutiert werden. Die Daten über Kunden, bei denen ein Beratungsbedarf vorhanden ist, erhält der Berater über eine Erinnerung des Computerprogramms der Bank oder durch Auswertungen seines Vorgesetzten.

Bei Kunden, die eine Beratung aus eigenem Interesse wünschen, kann vermutet werden, dass bereits eine gewisse Kaufbereitschaft vorhanden ist. Diese Gestimmtheit würde das Untersuchungsergebnis verfälschen. Deshalb sind für das Untersuchungsdesign nur Personen relevant, die auf Initiative der Bank hin das Beratungsgespräch wahrnehmen.

Die Stichprobe wird in zwei gleich große Gruppen eingeteilt. Gruppe 1 ist die Experimentalgruppe, die Gruppe 2 ist die Kontrollgruppe. Um personenbedingte Unterschiede zwischen den beiden Gruppen zu kontrollieren, werden die Teilnehmer durch Randomisierung in die Gruppen eingeteilt. Dadurch sind die beiden Gruppen miteinander vergleichbar (Myers 2016). Um das Zufallsprinzip zu gewährleisten, findet ein wöchentlicher Wechsel von Beratungen mit und ohne Dufteinfluss statt.

In der quantitativen Forschung steigt die Aussagekraft einer Studie mit zunehmender Stichprobengröße. Deshalb ist für die Untersuchung der optimale Stichprobenumfang zu bestimmen (Döring & Bortz 2016). Das Programm G*Power, Version 3.1.9.2., errechnet für eine Effektstärke von d = 0.80, einem Signifikanzniveau von 0.05 und einer Aussagekraft von 95 % eine benötigte Stichprobengröße von 102 Personen (Faul, Erdfelder, Buchner & Lang 2009).

4.2 Untersuchungsdurchführung

Als Untersuchungsort des Feldexperiments dienen drei Beratungszimmer der Bank. Sie befinden sich jeweils in drei verschiedenen Geschäftsstellen. Die Erhebung erstreckt sich über einen Zeitraum von mehreren Monaten.

4.2.1 Aufbau

Für das Experiment wird Vanille-Extrakt in Form eines ätherischen Öls der Firma Primavera verwendet.

Der Duft der Vanille hat die Eigenschaft, dass er bei uns Menschen ein Gefühl von Geborgenheit auslöst. Außerdem wirkt Vanille Wärme vermittelnd und findet in der Aromatherapie Anwendung bei der Lösung von Ängsten und depressiver Verstimmung (Werner & Braunschweig 2016).

Durch einen Aroma-Diffuser, der in allen drei Beratungszimmern verwendet wird, wird der Duft gleichmäßig im Raum vernebelt. Dafür wird das Konzentrat in einem bestimmten Verhältnis in Wasser aufgelöst. Eine Pipette ermöglicht die genaue Dosierung des Konzentrats (siehe Abbildung 3). Die benötigte Dosierung wird aufgrund der Raumgröße berechnet und festgelegt. Bis 54 m³ wird 1 Tropfen, darüber 2 Tropfen in den Diffuser gegeben (siehe Tabelle 1). Ziel der geringen Dosierung ist die unbewusste Wahrnehmung des olfaktorischen Reizes.

Tab. 1: Anzahl benötigter Tropfen

Beratungszimmer	Raumgröße (in m³)	Tropfenanzahl
Zimmer 1	58,80	2
Zimmer 2	44,37	1
Zimmer 3	53,45	1

Quelle: Hindelang 2018

Abb. 3: Instrumente des Experiments (Quelle: Hindelang 2018)

Nachfolgende Parameter müssen eingehalten werden, um für alle Versuchsteil-nehmer die gleichen Bedingungen herzustellen. Die Berater müssen darauf achten, dass sie kein bzw. wenig Parfum an sich tragen. Das Licht muss immer eingeschaltet sein, damit stets die gleichen Lichtverhältnisse vorhanden sind. Außerdem darf das Mobiliar während des Experiment-Designs nicht verändert oder umgestellt werden. Wenn nach dem Termin noch Flüssigkeit im Diffuser vorhanden ist, muss der Ver-suchsleiter diese entsorgen. Das perfekte Mischungsverhältnis für den nachfolgenden Versuchsaufbau ist sonst nicht mehr gewährleistet. Bei Zweit- oder Drittgesprächen mit dem Kunden ist stets für die gleiche Versuchsbedingung zu sorgen. Das bedeutet, wenn beim Erstgespräch ein Dufteinfluss vorhanden war, muss dieser in den Folge-gesprächen ebenfalls vorhanden sein. Gleiches gilt auch für Termine ohne Duftein-fluss.

Damit am POS eine angenehme Atmosphäre herrschen kann, wird auf eine op-timale Raumtemperatur geachtet. Die geeignete Temperatur für Büroräume liegt zwischen 20 °C und 23 °C (Wirtschafts-Informations-Dienst, 2015). Deshalb wird vor jedem Vorgang die Temperatur mit einem Thermometer überwacht. Das Expe-riment wird an heißen Sommertagen, an denen die Raumtemperatur 23 °C übersteigt, ausgesetzt.

Die vier Versuchsleiter bereiten das Experiment stets nach festen Vorgaben vor und dokumentieren die Forschungsergebnisse. Da die Versuchsleiter in das Untersu-chungsdesign eingeweiht sind, können Versuchsleitereffekte auftreten (Rosenthal &

Rosnow 1969). Wenn der Versuchsleiter weiß, dass er gerade eine Versuchsperson der Experimentalgruppe vor sich sitzen hat, kann er sich unbewusst enthusiastischer verhalten oder seine Körpersprache verändern. Idealerweise soll in einem Experiment mit blinden Versuchsleitern gearbeitet werden, die nicht wissen, ob der Proband der Experimental- oder der Kontrollgruppe angehört (Rosenthal 1976). Doch das ist in dieser Studie aus personellen Gründen leider nicht möglich.

Der Aroma-Diffuser ist in allen drei Beratungszimmern am Fenster hinter einer Jalousie platziert (siehe Abbildung 4). Von diesem Standpunkt aus kann ihn die Versuchsperson visuell und akustisch nicht wahrnehmen, und der olfaktorische Reiz kann sich trotzdem gut verbreiten.

Abb. 4: Aufbau des Diffusers (Quelle: Hindelang 2018)

4.2.2 Durchführung

Vor dem offiziellen Start des Experiments wurde ein Probelauf durchgeführt um die Versuchsanordnung zu überprüfen. Dabei wurde darauf geachtet, dass der Diffuser technisch funktioniert und der gewählte Standort sowie die Intensität des Dufts kritisch hinterfragt.

Nachdem alle Berater über Aufbau und Ablauf des Experiments instruiert und der Umgang mit auftretenden Störvariablen besprochen worden war, begann der offizielle Start der Studie.

Die Vorbereitungen für das Experiment müssen 20 Minuten vor dem Termin beginnen. Dazu dient eine Checkliste, die jeder Versuchsleiter abarbeiten muss. Zuerst wird das Büro für 10 Minuten gelüftet. Anschließend bereitet der Berater den Aroma-Diffuser vor. Der Aroma-Diffuser besitzt eine Fülllinie mit 100 Milliliter. Bis zu dieser Markierung wird Wasser eingefüllt und mit Hilfe der Pipette die benötigte Tropfenanzahl hinzugegeben.

Die Türe des Beratungszimmers ist geschlossen, damit sich der Duft gut im Raum verteilen kann und der Kunde beim Betreten vom Duft begrüßt wird. Der Berater begleitet den Kunden in das bereits vorbereitete Beratungsbüro. Dort führt er das Gespräch. Die Anfangs- und Endzeit jedes Gesprächs wird für die Ermittlung der Dauer aufgezeichnet. Nach Beendigung des Beratungsgesprächs und nach Verlassen des Kunden füllt der Berater einen Fragebogen aus, in dem er die Forschungsergebnisse dokumentiert. Darin macht er anonyme Angaben zu den Probanden, ob die Testperson einem olfaktorischen Reiz ausgesetzt war oder nicht, welche Produkte abgeschlossen wurden und ob es zu Auffälligkeiten kam. Anschließend lüftet der Berater das Büro und reinigt den Diffuser.

Bei den Beratungen handelt es sich um keinen ausschließlichen Produktverkauf. Alle Berater nutzen das Modell der genossenschaftlichen Beratung. Deren Ziel ist es, den Kunden ganzheitlich zu beraten und damit alle Bedürfnisse des Kunden abzudecken. Dabei steht nicht ein einzelnes Produkt im Vordergrund, sondern es wird dabei auf die individuellen Ziele und Wünsche jedes Kunden eingegangen. (Bundesverband der Deutschen Volksbanken und Raiffeisenbanken e. V., n. d.).

4.3 Operationalisierung

Zur Überprüfung der Hypothese 2 wird folgende Operationalisierung vorgenommen: Um die monatlichen Sparbeiträge mit den Einmalbeiträgen vergleichen zu können, müssen die Beträge hochgerechnet werden. Zur Ermittlung des Zeitraums wird Bezug auf die Laufzeit von gesetzlichen Anlageformen für Vermögenswirksame Leistungen, zur Erlangung der staatlich geförderten Arbeitnehmersparzulage, genommen. Diese sind mit einer Laufzeit von 6 Jahren und 1 Jahr Wartefrist vorgegeben. In dieser Arbeit wird der mittlere Zeitraum dieser Anlagen herangezogen, also 3 Kalenderjahre. Die monatlichen Sparbeiträge werden deshalb auf 36 Monate hochgerechnet und bilden zusammen mit den Einmalanlagen eine Summe.

Da es sich in dieser Untersuchung ausschließlich um Bestandskunden handelt, kann es sein, dass ein Kunde bereits eine Sparanlage hat, dessen Rate er erhöht. Diese Erhöhung wird als Neuabschluss gewertet.

Bei dem erfassten Gehalt handelt es sich um das Nettogehalt der Probanden.

4.4 Ergebnisse der Untersuchung

4.4.1 Stichprobenbeschreibung

Der Stichprobenumfang umfasst 102 Personen. Davon sind 57 Männer und 45 Frauen. Prozentual sind an dem Experiment 55,9 % Männer und 44,1 % Frauen beteiligt. Die Personen sind zwischen 18 und 79 Jahre alt. Der Median des Alters der Stichprobe beträgt 28,5 Jahre. Die folgende Tabelle 2 erläutert die Häufigkeitsverteilung der Probanden nach Geschlecht auf die Altersgruppen (siehe Tabelle 2).

Tab. 2: Verteilung der Probanden nach Geschlecht und Alter

	N	in %	Altersgruppen			
			18–30	31–45	46–60	61–79
Männer	57	55,9	34	10	8	5
Frauen	45	44,1	27	7	3	8
Total	102	100	61	17	11	13

Anmerkung. Median = 28,5
Quelle: Hindelang 2018

Verteilung der Versuchsgruppen
Von 102 Probanden befinden sich 52 in der Experimentalgruppe und 50 in der Kontrollgruppe. Davon sind 21 Frauen und 31 Männer in der Experimentalgruppe. In der Kontrollgruppe sind 24 Frauen und 26 Männer (siehe Tabelle 3).

Tab. 3: Verteilung der Probanden nach Versuchsgruppe

	Experimentalgruppe (Vanilleduft)	Kontrollgruppe (ohne Duft)	Total
N	52	50	102
Frauen	21	24	45
Männer	31	26	57

Quelle: Hindelang 2018

Von den 52 Probanden der Experimentalgruppe haben 12 Personen die Anwesenheit des Dufts bemerkt, was einem prozentualen Anteil von 23,1 % entspricht. Darunter sind 8 Frauen und 4 Männer (siehe Tabelle 4). Das Bemerken machte sich durch einen suchenden Blick nach der Duftquelle oder durch Anmerkungen, wie „hier riecht es aber gut", bemerkbar. Negative Anmerkungen kamen nicht zum Ausdruck. Des Weiteren kamen keine Unverträglichkeiten oder negativen Auffälligkeiten bei den Versuchspersonen zum Vorschein.

Tab. 4: Anzahl der Probanden, die den Duft bemerkt haben

	Experimentalgruppe	in %
N	52	100
Duft bemerkt	12	23,1
Anzahl Frauen	8	
Anzahl Männer	4	

Quelle: Hindelang 2018

4.4.2 Gruppenvergleich

Gehalt der Versuchsgruppen
Das monatliche Gehalt der Experimentalgruppe hat einen Mittelwert von 1.844,85 Euro und weist eine Standardabweichung 853,08 Euro auf. Das monatliche Gehalt der Kontrollgruppe hat einen Mittelwert von 1.941,20 Euro und SD = 800,80 Euro. In der Experimentalgruppe beträgt das niedrigste Gehalt 300 Euro und das höchste Gehalt 4.200 Euro, Median = 1.760 Euro. In der Kontrollgruppe ist das geringste Gehalt 600 Euro und das höchste Gehalt 4.100 Euro, Median = 1.800 Euro (siehe Tabelle 5).

Die Ergebnisse zeigen, dass sich die Versuchsgruppen hinsichtlich des Gehalts im Median kaum voneinander unterscheiden.

Tab. 5: Verteilung des Gehalts nach Versuchsgruppe

	Experimentalgruppe (Vanilleduft)	Kontrollgruppe (ohne Duft)
N	52	50
SD	853,08	800,80
Min	300	600
M	1.844,85	1.941,20
Median	1.760	1.800
Max	4.200	4.100

Quelle: Hindelang 2018

Verweildauer der Versuchsgruppen
Die Probanden der Experimentalgruppe verweilen durchschnittlich 65,96 Minuten im Beratungsgespräch (M = 65,96, SD = 31,39). Der Mittelwert der Zeit, welche die Teilnehmer der Kontrollgruppe in der Beratung verbringen, beträgt 62 Minuten, und die Standardabweichung 20,9 Minuten.

Die Ergebnisse zeigen, dass sich die Versuchsgruppen hinsichtlich der Verweildauer der Probanden im Mittelwert und im Median kaum voneinander unterscheiden. Die Abbildung 5 stellt die Häufigkeitsverteilung der Verweildauer der Gruppen dar.

Duft = ja

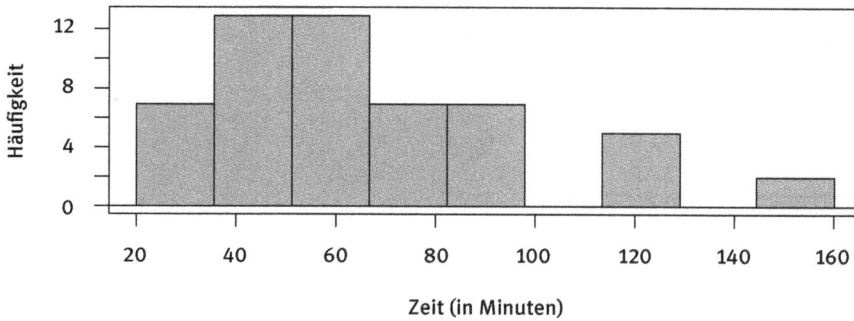

Duft = nein

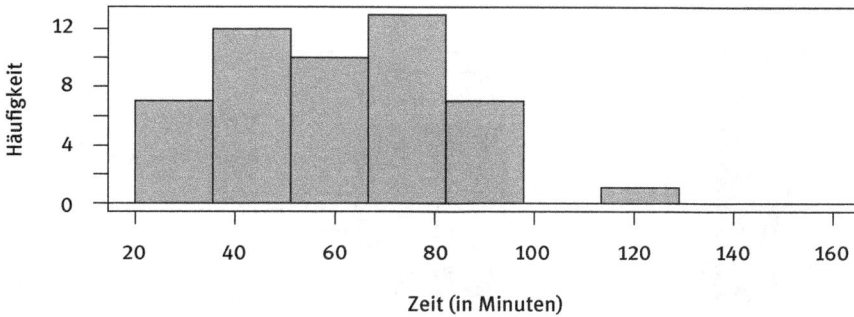

Abb. 5: Häufigkeitsverteilung der Verweildauer der Versuchsgruppen (Quelle: Hindelang 2018)

4.4.3 Hypothesenprüfung

Überprüfung der Hypothese 1
Wird in einem Beratungsgespräch zur Vorsorge und Anlage von Vermögensgegenständen ein olfaktorischer Reiz eingesetzt, ist die Anzahl der Kunden mit abgeschlossenen Anlagen größer.

Prüfung der Hypothese 1 durch Chi-Quadrat-Test:
Unter Dufteinfluss schließen 49 Probanden einen Vertrag ab, das entspricht 94,2%. Bei 3 Personen kommt es unter Dufteinfluss zu keinem Abschluss, das entspricht einem Anteil von 5,8%. Ohne Duft beabsichtigen 25 Teilnehmer einen Vertrag abzuschließen, bei 25 Probanden kommt es ohne Duft zu keinem Abschluss. Prozentual beabsichtigen ohne Duft 50% einen Abschluss, bei 50% kommt es zu keinem Abschluss. Es gibt einen signifikanten Unterschied zwischen den Gruppen hinsichtlich der Anzahl der Kunden, die Anlagen abschließen (siehe Tabelle 6, Abbildung 6).

Tab. 6: Ergebnisse des Chi-Quadrat-Tests

	Abschluss	Kein Abschluss	Total
Duft	49	3	52
In %	94,2	5,8	100
Ohne Duft	25	25	50
In %	50	50	100
p	.00031 [a]		

Anmerkung. [a] p < 0.05
Quelle: Hindelang 2018

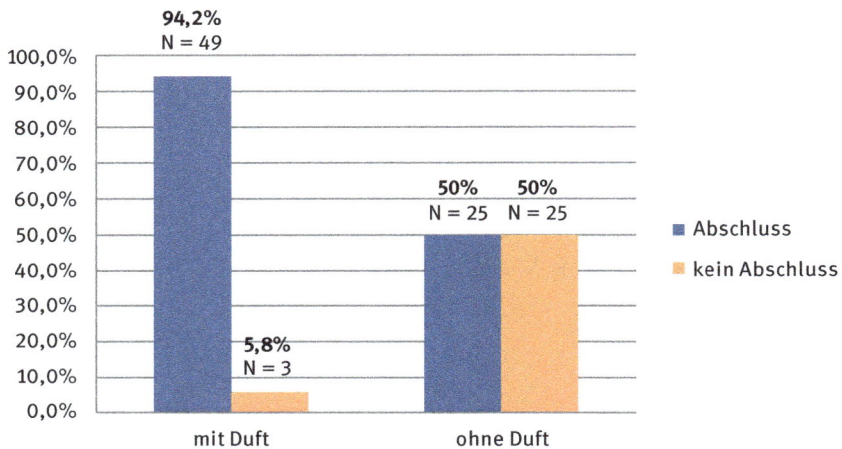

Abb. 6: Ergebnisse des Chi-Quadrat-Tests, Abschlüsse mit und ohne Duft (Quelle: Hindelang 2018)

Überprüfung der Hypothese 2
Wird in einem Beratungsgespräch zur Vorsorge und Anlage von Vermögensgegenständen ein olfaktorischer Reiz eingesetzt, ist das investierte Volumen in den Anlagen höher.

Prüfung der Hypothese 2 durch T-Test:
Der T-Test prüft, ob es einen signifikanten Unterschied zwischen zwei unabhängigen Gruppen gibt. Voraussetzung für die Durchführung des T-Tests ist, dass die Daten normalverteilt sind. Die Daten der Untersuchung sind nicht normalverteilt (p < 0.05), trotzdem würde man den Test durchführen. Die Ergebnisse sind in Tabelle 7 dargestellt.

Die Experimentalgruppe investiert im Mittelwert 12.095,35 Euro und die Kontrollgruppe 4.190,00 Euro (M = 4.190; p = 0.002). Die Experimentalgruppe investiert

Tab. 7: Investiertes Volumen nach Gruppen

	Experimentalgruppe (Vanilleduft)		Kontrollgruppe (ohne Duft)
M	12.095,35		4.190
p		0.002	
1. Quantil	2.376		0
Median	7.200		540
3. Quantil	16.000		4.740
Max.	91.600		40.000

Anmerkung. [a] p < 0.05
Quelle: Hindelang 2018

insgesamt 7.905,35 Euro mehr als die Kontrollgruppe. Die Ergebnisse zeigen, dass es einen signifikanten Unterschied zwischen den beiden Gruppen, hinsichtlich der Höhe des investierten Volumens gibt.

4.4.4 Weitere Ergebnisse

Zeitpunkt der Abschlüsse

Bei der Untersuchung schließen 79,6 % unter Dufteinfluss beim Erstgespräch einen Vertrag ab, 20,4 % beim Zweitgespräch. Ohne Dufteinfluss kommt ein Abschluss zu 32 % beim Erstgespräch zu Stande, zu 64 % beim Zweitgespräch und zu 4 % beim Drittgespräch. Das bedeutet, wenn in einem Beratungsgespräch zur Vorsorge und Anlage von Vermögensgegenständen ein olfaktorischer Reiz eingesetzt wird, findet ein Vertragsabschluss öfter schon im Erstgespräch statt (siehe Abbildung 7).

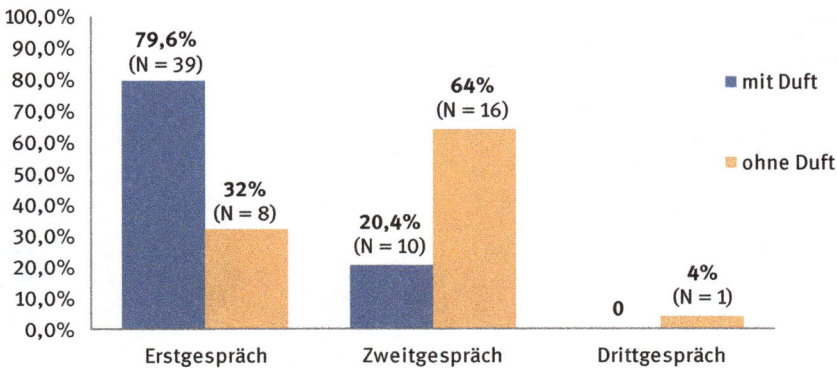

Abb. 7: Zeitpunkt der Abschlüsse in Prozent (Quelle: Hindelang 2018)

Abschluss: Frauen vs. Männer

Zur Ermittlung der Höhe der Anlagen, in die alle Frauen und Männer mit und ohne Dufteinfluss investieren, wurden jeweils ein Subset „Frauen" und „Männer" gebildet. Die Variablen Duft und die Summe aller abgeschlossenen Anlagen werden miteinander verglichen. Daraus resultieren folgende Ergebnisse: Die Höhe der Anlagen, in die Frauen investieren, liegt mit Duft bei M = 5.733,14 Euro und einer Standardabweichung von SD = 5.345,32 Euro. Ohne Duft bei M = 2.973,33 Euro und SD = 4.758,66 Euro. Frauen investieren unter Einfluss von Duft doppelt so viel als ohne Duft. Die Ergebnisse werden in der Tabelle 8 dargestellt.

Tab. 8: Höhe der Anlagen, die Frauen investieren

	Duft	Ohne Duft
N	21	24
SD	5.345,32	4.758,66
1. Quantil	1.800	0
M	5.733,14	2.973,33
3. Quantil	10.000	3.690
Max	19.000	20.000

Quelle: Hindelang 2018

Der Mittelwert der Höhe der Anlagen, in die Männer investieren, liegt mit Duft bei M = 16.405,23 Euro und SD = 18.947,40 Euro. Ohne Duft beträgt der Mittelwert 5.313,01 Euro und eine Standardabweichung von 10.774,33 Euro (siehe Tabelle 9).

Ergebnis: Männer investieren unter Einfluss von Duft 3-mal höhere Beträge als ohne Duft.

Tab. 9: Höhe der Anlagen, die Männer investieren

	Duft	Ohne Duft
N	31	26
SD	18.947,40	10.774,33
1. Quantil	3.654	0
M	16.405,23	5.313,01
3. Quantil	23.500	5.030
Max	91.600	40.000

Quelle: Hindelang 2018

5 Diskussion der Ergebnisse

5.1 Hypothesen

Hypothese 1: Wird in einem Beratungsgespräch zur Vorsorge und Anlage von Vermögensgegenständen ein olfaktorischer Reiz eingesetzt, ist die Anzahl der Kunden mit abgeschlossenen Anlagen größer.	+
Hypothese 2: Wird in einem Beratungsgespräch zur Vorsorge und Anlage von Vermögensgegenständen ein olfaktorischer Reiz eingesetzt, ist das investierte Volumen in den Anlagen höher.	+

Quelle: Hindelang 2018

Die Hypothese 1 wird angenommen, denn die Ergebnisse zeigen, dass es einen signifikanten Unterschied zwischen den beiden Gruppen hinsichtlich der Anzahl der Kunden gibt, die einen Vertrag abschließen. Unter Dufteinfluss schließen 94,2 % der Probanden eine Anlage ab, nur 5,8 % nicht. Ohne Dufteinfluss sind es nur 50 % der Versuchsteilnehmer bei denen ein Abschluss stattfindet. Das bedeutet, der olfaktorische Reiz hat einen Einfluss auf die Anzahl der Kunden, bei denen ein Vertragsabschluss zustande kommt.

Die Hypothese 2 wird angenommen, denn es gibt einen signifikanten Unterschied zwischen den Versuchsgruppen hinsichtlich des Volumens das angelegt wird. Wenn ein olfaktorischer Reiz in Beratungsgesprächen vorhanden ist, werden durchschnittlich 232,60 Euro pro Kunde investiert. Ohne Einfluss von Duft werden im Durchschnitt 83,80 Euro pro Kunde angelegt. Der Duft hat einen positiven Einfluss auf die Höhe des Volumens der abgeschlossenen Verträge.

5.2 Interpretation der Ergebnisse

Die beiden Teilnehmergruppen sind im Durchschnitt ungefähr gleich alt. Somit besteht kein gravierender Unterschied zwischen den beiden Gruppen hinsichtlich des Alters. Das durchschnittliche Nettogehalt der Gruppen ist gleich hoch. Es besteht deshalb kein gravierender Unterschied zwischen den beiden Gruppen bezüglich ihrer potenziellen Kaufkraft.

Die Verweildauer der beiden Gruppen unterscheidet sich kaum voneinander. Der olfaktorische Reiz hat in dieser Untersuchung keinen Einfluss auf die Aufenthaltsdauer der Probanden während eines Beratungsgesprächs. Im Gegensatz zur Untersuchung von Henning (2015), bei der sich der olfaktorische Reiz positiv auf die Besuchszeiten in der Modeboutique auswirkt. Das ist wahrscheinlich darauf zurück zu führen, dass Bankprodukte immaterielle Güter sind, die der Kunde am POS haptisch nicht begutachten kann. Bei einer Modeboutique hingegen können die Produkte durchgestöbert, anprobiert und angefasst werden.

Beide Geschlechter reagieren auf den olfaktorischen Reiz. Bei Männern ist der Effekt sogar noch größer als bei den Frauen. Die weiblichen Kunden investieren beim Einsatz von Duft doppelt so hohe Beträge als ohne Duft. Die Männer legen mit Duft 3-mal höhere Beträge an, als ohne Duft.

Insgesamt 12 Personen der Experimentalgruppe bemerkten den Duft. Trotzdem schlossen alle 12 Personen einen Vertrag ab. Die Bewusstheit über das Vorhandensein eines Dufts hindert sie nicht daran zu investieren.

Die Frauen der Stichprobe verdienen im Durchschnitt weniger als die Männer. Den Männern steht mehr Gehalt zur Verfügung, dadurch sind sie vielleicht auch bereit größere Beträge anzulegen.

Der olfaktorische Reiz hat auch die Versuchsleiter überzeugt. Ein Berater stand der Untersuchung anfangs sehr kritisch entgegen. Im Laufe der Erhebung äußerte er sich begeistert darüber, dass der Duft eine sehr angenehme Atmosphäre schaffe und für ein sehr gutes Raumklima sorge (H. Roll, persönliche Kommunikation, 04.10.2017). Ebenso haben sich auch die anderen Versuchsleiter positiv zum Vorhandensein des Dufts geäußert.

Die Entscheidung für den Vanilleduft erweist sich für diese Untersuchung als passend. Vanille trägt laut den Ergebnissen zu einem angenehmen Raumklima bei und steigert die Kaufbereitschaft der Kunden. Auch die Intensität des Dufts war angemessen. Denn nur 12 von 52 Personen haben seine Anwesenheit bemerkt. Der olfaktorische Reiz hat außerdem beide Geschlechter positiv angesprochen.

5.3 Limitationen der Arbeit

Bei der Analyse wurde eine homogene Untersuchungsgruppe herangezogen. Die Stichprobe besteht ausschließlich aus Kunden einer Bank und sie stammen aus dem ländlichen Bereich. Deshalb ist es nicht möglich die Ergebnisse auf eine Population zu beziehen.

Beim erfassten Gehalt handelt es sich um das Nettogehalt der Probanden. Unterschiede, die bei der Stichprobe zum erzielten Gehalt führen, wie z. B. die Berufsgruppe, Arbeitszeit, Branche und Bildungstand werden nicht berücksichtigt und mit einbezogen. Die durchschnittlichen monatlichen Kosten für den eigenen Unterhalt einer Person sind die Lebenshaltungskosten. Diese berechnen sich nach der Größe des Haushalts und der Höhe aller regelmäßigen finanziellen Verpflichtungen wie z. B. Lebensmittel, Miete, Nebenkosten. Nach Abzug dieser Kosten vom Nettogehalt resultiert das frei verfügbare Nettoeinkommen (Heise 2009). Interessant wäre dahingehend ein Forschungsansatz zur Ermittlung, wie viel jeder Kunde aus seinem frei verfügbaren Nettoeinkommen investiert.

Möglicherweise besteht ein Unterschied zwischen den Probanden, je nachdem ob sie aus ländlichen Bereichen oder Ballungsgebieten stammen, da die jeweiligen Personen grundsätzlich tagtäglich anderen Umgebungseinflüssen ausgesetzt sind. Dieser Unterschied ist weiter zu untersuchen.

Des Weiteren sollte geklärt werden, ob Frauen am POS andere Düfte bevorzugen als Männer. Wenn ein Produkt ein Geschlecht explizit ansprechen soll, muss ein Duft gewählt werden, der die Zielgruppe anspricht. Sind beide Geschlechter die Zielgruppe, dann muss ein Duft gewählt werden, der beide Geschlechter anspricht.

Um zu überprüfen, ob ein Duft auch die Stimmung und das Vertrauen der Bankkunden positiv beeinflusst, sind weitere Untersuchungen notwendig.

Ethik

Die Empfänger können sich den unterschwelligen Reizen der Olfaktorik nicht entziehen, deshalb stellt dies ein ethisches Problem dar. Allerdings gibt es daneben andere psychologische Mechanismen, die den Konsumenten im Alltag unbewusst beeinflussen, wie den Mere-Exposure-Effekt. Dabei führt eine häufige Wiederholung von Reizen zu einer positiven Veränderung der Einstellung des Rezipienten (Zajonc, 1968). Allerdings sind diese ethischen Punkte so umfangreich, dass sie eine eigene Untersuchung benötigen würden.

Man muss sich in der heutigen Zeit bewusst sein, dass es viele Menschen gibt, die auf äußere Reize allergisch reagieren können. Daher ist es wichtig, das Bewusstsein zu entwickeln, auf die kleinsten Anzeichen einer Unverträglichkeit reagieren und eingehen zu können.

6 Fazit

Immer wenn wir atmen, riechen wir. Wenn wir etwas nicht sehen möchten, schließen wir die Augen. Unsere Ohren können wir mit den Händen zuhalten, wenn wir etwas nicht hören möchten. Doch unser Geruchssinn lässt sich nicht unterdrücken, denn wir müssen atmen um zu überleben.

Der menschliche Geruchssinn ist sehr vielfältig. Einerseits benötigen wir ihn um Gefahren zu erkennen, wie das Leck einer Gasleitung oder um verdorbene Lebensmittel vor dem Verzehr am Geruch zu erkennen. Der Geruchssinn stellt eine große Bereicherung für uns dar, denn er weckt in uns Erinnerungen von Ereignissen aus der Kindheit oder wir assoziieren eine Situation mit einem bestimmten Geruch. Andererseits kann das Vorhandensein des Geruchssinns eine Belastung darstellen, wenn die Industrie dieses sensible und primäre Organ manipulativ bedient.

Damit der Einsatz von Air-Design in einem Unternehmen erfolgreich ist, sollten nachfolgende Hinweise beachtet oder geklärt werden. Ein Unternehmen muss für den

Einsatz von Air-Design den optimalen Markenduft bestimmen. Auch wenn diese Untersuchung zeigt, dass allein die Anwesenheit eines Dufts zu Mehrkäufen beiträgt, ist es wichtig, dass der Duft zum Unternehmen und der Marke passt. Ein Kokosnussduft passt beispielsweise sehr gut in ein Reisebüro, doch in einer Bank wäre er unpassend. Das Unternehmen muss sich vorab überlegen, welche Botschaft es mit dem Air-Design vermitteln möchte. Nur dann kann langfristig ein positiver Erfolg verzeichnet werden.

Wenn ein Unternehmen das Air-Design in seine Markenstrategie aufnimmt, muss es sich bewusst sein, dass es nicht nur das Vorhandensein eines Dufts am POS ändert. Es sollte darauf geachtet werden, dass das gesamte Konzept aufeinander zugeschnitten wird. Angefangen bei der Architektur und Einrichtung, über Lichtakzente, Farbgestaltung und Kommunikation sollten die Komponenten stimmig sein.

Einen dezenten Duft im Einzelhandel empfinden viele Konsumenten als angenehm. Eine zu starke Beduftung kann sich jedoch negativ auswirken, ähnlich wie durch Beschallung der Verkaufsräume mit zu lauter Musik (Legrum 2015). Deshalb sollte bei der Anwendung auf eine angemessene Intensität geachtet werden.

Es existieren derzeit noch keine gesetzlichen Vorschriften über den Einsatz von Duftstoffen in öffentlichen Räumen, allerdings wäre eine Kennzeichnung zu empfehlen. Unternehmen sollten öffentlich kenntlich machen, wenn sie Duftstoffe am POS einsetzen, um den Kunden schon zu Beginn Aufrichtigkeit und Offenheit zu vermitteln. Insbesondere wenn mit Reizen unterhalb der Wahrnehmungsschwelle gearbeitet wird. Für das Wohlbefinden der Mitarbeiter und Kunden sollte ein naturbelassener Duft gewählt werden, um allergische Reaktionen zu minimieren.

Wenn eine Bank das Air-Design langfristig am POS und in Beratungen einsetzt, sollten die Auswirkungen auf die Zufriedenheit und das Vertrauen der Kunden in die Bank ausgewertet werden. Eine geeignete Maßnahme dafür wäre, die Kunden durch einen Fragebogen über ihre Zufriedenheit zu befragen. Zwei Jahre später sollte diese Maßnahme wiederholt und die Auswirkung des Dufts untersucht werden, um den Langzeiterfolg von Air-Design zu überprüfen. Für einen erfolgreichen Einsatz von Air-Design in diesem Institut sollte hinterfragt werden, ob es einen Duft gibt, welcher noch besser zu dieser Bank passt als Vanille.

Damit kleinere Banken mit Filialen in ländlichen Bereichen im Zeitalter der Digitalisierung und der Regulierung im Bankensektor langfristig erfolgreich sind und überleben können, ist es wichtig, dass sie sich mit den Erkenntnissen aus der Verhaltensökonomie auseinandersetzten. Gerade dem schwindenden Vertrauen der Kunden in die Banken muss entgegengewirkt werden.

Jeder Person mit einem Internetanschluss ist es prinzipiell möglich, seine Bankangelegenheiten online zu tätigen. Ob dies bei der Genossenschaftsbank vor Ort stattfindet, oder bei einer Direktbank, ist einem illoyalen Kunden nicht von großer Bedeutung. Denn ihm sind primär nur die geringeren Kosten bei der Wahl seines Anbieters wichtig. Deshalb ist es umso wichtiger, die Kunden durch Erlebnisse und einer kompetenten Beratung von sich, ihrer Qualität und ihrer Fairness zu überzeugen. So erhält eine Bank loyale Kunden, die sich langfristig an ein Geldinstitut binden.

Abschließend kann gesagt werden, dass sich ein olfaktorischer Reiz positiv auf die Kaufbereitschaft der Kunden und damit auf den Ertrag der Bank auswirkt. Der Duft schafft eine angenehme Atmosphäre in einem Beratungsgespräch.

Literatur

Bechara, A. & Damasio, A. R. (2005). The somatic marker hypothesis: A neural theory of economic decision. *Games and Economic Behavior*, 52:336–372.

Behrens, G. & Neumaier, M. (2008). Der Einfluss des Unbewussten auf das Konsumentenverhalten. In Gröppel-Klein, A. (Hrsg.), *Konsumentenverhaltensforschung im 21. Jahrhundert*, S. 3–28. Wiesbaden: Deutscher Universitäts-Verlag.

Berger, S., Hatt, H. & Ockenfels, A. (2017). Exposure to Hedione Increases Reciprocity in Humans. *Frontiers in Behavioral Neuroscience*, 11. doi:10.3389/fnbeh.2017.00079.

Birbaumer, N. & Schmidt, R. (2010). *Biologische Psychologie*. Heidelberg: Springer, 7. überarb. und erg. Aufl.

Bundesverband der Deutschen Volksbanken und Raiffeisenbanken e. V. (n. d.). Genossenschaftliche Beratung. Verfügbar unter https://www.vr.de/privatkunden/was-wir-anders-machen/genossenschaftliche-beratung.html (Abruf am 17.01.2018).

Chlupsa, C. (2017). *Der Einfluss unbewusster Motive auf den Entscheidungsprozess: Wie implizite Codes Managemententscheidungen steuern*. Wiesbaden: Springer.

de Chernatony, L. & McDonald, M. (2003). *Creating Powerful Brands*. Oxford: Butterworth-Heinemann, 3. Aufl.

Deutscher Allergie- und Asthmabund e. V. (n. d.). Alles Dufte. Umgang mit Duftstoffen im Alltag. Verfügbar unter http://www.daab.de/fileadmin/medien/pdf/Merkblaetter/Merkblatt_Duftstoffe.pdf (Abruf am 25.03.2018).

Dombret, A. (2017). Die Niedrigzinspolitik der EZB – Fluch oder Segen für Wirtschaft, Verbraucher und Banken. Verfügbar unter https://www.bundesbank.de/Redaktion/DE/Reden/2017/2017_02_01_dombret.html (Abruf 17.01.18).

Döring, N. & Bortz, J. (2016). *Forschungsmethoden und Evaluation in den Human- und Sozialwissenschaften*. Berlin: Springer.

Ebster, C. & Jandrisits, M. (2003). Die Wirkung kongruenten Duftes auf die Stimmung des Konsumenten am Point of Sale. *Marketing ZFP*, 25(2):99–106.

Effert, D. (2010). Die Doppelstrategie: Qualitäts- und Preisstrategie. In Effert, D. (Hrsg.), *Qualitäts- und Preisimage bei Banken. Strategien zu mehr Ertrag*, S. 11–48. Wiesbaden: Gabler.

Esch, F.-R., Möll, T., Elger, C. E., Neuhaus, C. & Weber, B. (2008). Wirkung von Markenemotionen: Neuromarketing als neuer verhaltenswissenschaftlicher Zugang. *Marketing ZFP*, 30(2):109–127.

Esch, F.-R. & Möll, T. (2009). Ich fühle, also bin ich – Markenemotionen machen den Unterschied. *Marketing Review St. Gallen*, 26(4):22–26.

Falkenau, J. (2013). *Sportsponsoring. Wirkung und Erfolgsfaktoren aus neuropsychologischer Sicht*. Freiburg: Haufe.

Faul, F., Erdfelder, E., Buchner, A. & Lang, A.-G. (2009). Statistical power analyses using G*Power 3.1: Tests for correlation and regression analyses. *Behavior Research Methods*, 41:1149–1160.

Hatt, H. (2004). Immer der Nase nach. *Gehirn und Geist*, 5:12–17.

Hatt, H. & Dee, R. (2011). *Das Maiglöckchen-Phänomen. Alles über das Riechen und wie es unser Leben bestimmt.* München: Piper, 6. Aufl.

Heckel, M., Rester, D. & Seeberger, B. (2012). Geruch und Geschmack im Lebensverlauf – Ein qualitatives Experiment. *Forum qualitative Sozialforschung,* 13(3).

Heise, S. (2009). Einkommen: So viel bleibt zum Leben. *Focus Online.* Verfügbar unter https://www.focus.de/finanzen/steuern/einkommen-so-viel-bleibt-zum-leben_aid_391787.html (Abruf am 02.05.2018).

Hellenkamp, D. (2015). *Bankwirtschaft.* Wiesbaden: Springer.

Henning, A. M. (2015). Der Duft der Kaufentscheidung. Eine empirische Untersuchung zur Wahrnehmung olfaktorischer Reize vor dem Hintergrund aktueller Ansätze des Neuromarketings am Point of Sale. Unveröffentlichte Masterarbeit, Business and Information Technology School, Iserlohn.

Henning, A. M., Chlupsa, C. & Lean, J. (2017). The fragrance of the purchase decision. Vortrag auf der NeuroPsychoEconomics Conference am 09.07.2017, Antwerpen.

Huber, O. (2013). *Das psychologische Experiment – Eine Einführung.* Bern: Huber, 6. überarb. Aufl.

Kahnemann, D. (2012). *Schnelles Denken, langsames Denken.* München: Siedler, 24. Aufl.

Knoblich, H., Scharf, A. & Schubert, B. (2003). *Marketing mit Duft.* München: Oldenbourg, 4. Aufl.

v. Kopp, D. (2015). *Focusing. Die Sprache der Intuition.* Wiesbaden: Springer.

Legrum, W. (2015). *Riechstoffe, zwischen Gestank und Duft: Vorkommen, Eigenschaften und Anwendung von Riechstoffen und deren Gemischen.* Wiesbaden: Springer, 2. überarb. und erw. Aufl.

Myers, D. G. (2014). *Psychologie.* Berlin: Springer, 3. vollst. überarb. und erw. Aufl.

Nagorka, R., Straff, W. & Wolter, E. (2016). *Duftstoffe, chemische Begleiter des Alltags.* Dessau-Rosslau: Umweltbundesamt.

Perry, C. (1994). *A structured approach to presenting Phd Theses: Notes for candidates and their supervisiors.* University of Sydney.

Primavera (n. d.). Naturreinheit. Verfügbar unter https://www.primaveralife.com/qualitaet/primavera-qualitaet#naturreinheit (Abruf am 22.03.2018).

Raab, G., Gernsheimer, O. & Schindler, M. (2009). *Neuromarketing – Grundlagen, Erkenntnisse, Anwendungen.* Wiesbaden: Gabler, 2. überarb. Aufl.

Reimann, M. & Weber, B. (2011). Neuroökonomie – Eine Bestandsaufnahme. In Reimann, M. & Weber, B. (Hrsg.), *Neuroökonomie: Grundlagen – Methoden – Anwendungen,* S. 3–10. Wiesbaden: Gabler.

Reiß, S. & Sarris, V. (2012). *Experimentelle Psychologie: Von der Theorie zur Praxis.* München: Pearson.

Rempel, J. (2006). *Olfaktorische Reize in der Markenkommunikation.* Wiesbaden: Springer.

Rosenthal, R. & Rosnow, R. L. (1969). *Artifact in behavioral research.* New York: Academic Press.

Rosenthal, R. (1976). *Experimenter effects in behavioral research.* New York: Wiley & Sons, erw. Aufl.

Scheier, C. & Held, D. (2012). *Wie Werbung wirkt. Erkenntnisse des Neuromarketing.* Freiburg: Haufe, 2. Aufl.

Schilke, O. & Reimann, M. (2007). Neuroökonomie: Grundverständnis, Methoden und betriebswirtschaftliche Anwendungsfelder. *Journal für Betriebswirtschaft,* 57(2):247–262.

Silbernagl, S. & Lang, F. (2013). *Taschenatlas Pathophysiologie.* Stuttgart: Thieme, 4. aktualisierte und erw. Aufl.

Silbernagl, S. & Despopoulos, A. (2012). *Taschenatlas Physiologie.* Stuttgart: Thieme, 8. überarb. und erw. Aufl.

Steinmann, T. (2013). *Vertrauen in Banken. Eine empirische Untersuchung von Determinanten und Konsequenzen.* Wiesbaden: Springer.

Stöhr, A. (1998). *Air-Design als Erfolgsfaktor im Handel. Modellgestützte Erfolgsbeurteilung und strategische Empfehlungen.* Wiesbaden: Deutscher Universitäts-Verlag.

Straff, W. (2006). Hintergrundpapier zu Duftstoffen liegt vor: „Duftstoffe: Wenn Angenehmes zur Last werden kann". *Der Umweltmedizinische Informationsdienst*, 2:22–23.

Traindl, A. (2004). Mit Neuronen zu Millionen: Neuromarketing am Point of Sale. *Gdi_Impuls*, 3:26–31.

Umweltbundesamt (2016). Duftstoffe. Verfügbar unter https://www.umweltbundesamt.de/themen/gesundheit/umwelteinfluesse-auf-den-menschen/chemische-stoffe/duftstoffe (Abruf am 20.03.2018).

Verordnung über Detergenzien (2004). Beschluss v. 31.03.2004, 648/2004, des Europäischen Parlaments und des Rates. Verfügbar unter http://eur-lex.europa.eu/legal-content/DE/TXT/PDF/?uri=CELEX:32004R0648& (Abruf am 25.03.2018).

Weber, B. (2011). Methoden der Neuroökonomie. In Reimann, M. & Weber, B. (Hrsg.), *Neuroökonomie: Grundlagen – Methoden – Anwendungen*, S. 43–55. Wiesbaden: Gabler.

Werner, M. & v. Braunschweig, R. (2016). *Praxis Aromatherapie – Grundlagen, Steckbriefe, Indikatoren*. Stuttgart: Haug, 5. unveränd. Aufl.

Zajonc, R. (1968). Attitudinal effects of mere exposure. *Journal of Personality and Social Psychology*, 9:1–27.

Zurstiege, G. (2015). *Medien und Werbung*. Wiesbaden: Springer.

Jamila Sinnette

Durch Multisensualität mehr Erfolg im Einzelhandel

Der Einfluss von multisensuellen Marketingmaßnahmen im Textileinzelhandel

1 Relevanz des Themas

Heutzutage ist der stationäre Textilhandel in Deutschland starker Konkurrenz durch den Onlinehandel ausgesetzt. Bei Betrachtung des Umsatzes wird diese Herausforderung deutlich. So stagniert der Umsatz im stationären Handel, während der Umsatz im Onlinehandel drastisch steigt. Deshalb müssen bis 2020 ca. 50.000 stationäre Händler, darunter große Warenhäuser wie Wöhrl, Filialen aufgeben (Wagner 2016; Statista 2017). Hinzu kommt eine Reizüberflutung der Konsumenten durch die vermehrte Aufnahme von Informationen, digitale Medien und Marketingmaßnahmen. Diese Kombination aus starker Konkurrenz durch den Onlinehandel und der Informationsüberflutung der Endkunden erschwert es Unternehmen zunehmend, die Aufmerksamkeit der Konsumenten zu gewinnen. Um dieser zunehmenden Herausforderung gerecht zu werden, wird ein neues Marketingkonzept benötigt. Damit soll die Aufmerksamkeit der Kunden wiedergewonnen und Kunden gebunden werden. Zudem soll es dabei helfen, den Umsatz zu steigern, um die Marktfähigkeit stationärer Textilhändler zu erhöhen. Die gezielte Ansprache der Kunden im Unterbewusstsein mit Hilfe der fünf Sinne als Marketingmaßnahme könnte stationäre Textilhändler in Deutschland

https://doi.org/10.1515/9783110700534-005

unterstützen, dieses Ziel zu erreichen (Grewal, Puccinelli, Roggeveen & Spence 2014; Goel & Pawaskar 2014; Kivioja, 2016; Cian, Krishna & Sokolova 2016).

Es existieren bereits mehrere Studien, die sich auf den Einfluss der fünf Sinne in Bezug auf den stationären Handel beziehen. Darüber hinaus geben viele Untersuchungen an, dass der Einsatz der fünf Sinne das Verhalten der Kunden beeinflusst. So fanden mehrere Forscher heraus, dass mindestens 95 % der Entscheidungen im Unterbewusstsein getroffen werden und das die gezielte Ansprache der fünf Sinne das Verhalten der Kunden im Unterbewusstsein beeinflusst. Der Einsatz der fünf Sinne als Marketinginstrument kann beispielsweise die Zeitspanne verlängern, die die Kunden im Laden (Point of Sale, dt. Verkaufsort) verbringen oder es kann die Kaufentscheidung positiv beeinflussen (Grewal et al. 2014; Kivioja 2016).

Jedoch gibt es derzeit noch keine Studien, die den Einfluss des multisensorischen Marketings auf die Anzahl der Produktkontakte innerhalb der Textilindustrie in Deutschland aufzeigen. Basierend auf dieser Forschungslücke wurde die Forschungsfrage dieser Studie definiert. Diese befasst sich mit der Frage, ob multisensorische Marketingmaßnahmen den Produktkontakt im stationären Textilhandel in Deutschland beeinflussen.

Die Forschungsfrage „Impacts of multi sensual marketing measures on product contact within the textile industry in Germany" zu Deutsch „Einfluss von multisensuellen Marketingmaßnahmen auf den Produktkontakt in der deutschen Textilindustrie", wurde in zwei Fragen unterteilt. Zunächst wurde untersucht, ob multisensorisches Marketing das Marketing am PoS bereits beeinflusst. Mit multisensorischem Marketing sind in diesem Kontext alle Marketingaktivitäten gemeint, die die fünf Sinne des Menschen (Seh-, Tast- Geruchs-, Geschmacks-, und Hörsinn) gezielt ansprechen. Des Weiteren wurde untersucht, ob diese Marketingmaßnahmen die Häufigkeit des Produktkontakts beeinflussen. Unter dem Begriff Produktkontakt versteht man die Anzahl der Produkte, die ein Kunde während seines Aufenthalts im Geschäft angefasst hat. Die Produktkontakthäufigkeit definieren wir als Anzahl der berührten Kleidungsstücke, wobei der gleiche Artikel in unterschiedlichen Größen nur als ein angefasstes Kleidungsstück gezählt wurde.

Darüber hinaus beziehen sich beide Fragen auf einen Point of Sale in der Textilindustrie, nämlich die Bekleidungsindustrie in Deutschland. Es wurden die stationären Geschäfte von Scotch & Soda und Hennes & Mauritz (H&M) in München genauer betrachtet.

Das übergeordnete Ziel ist es, herauszufinden, ob multisensuales Marketing das Marketing am PoS von Scotch & Soda und H&M im Allgemeinen beeinflusst. Außerdem wird überprüft, ob diese umgesetzten Marketingmaßnahmen die Anzahl der Produkte, die von den Kunden berührt werden, beeinflusst. Zur Beantwortung dieser Fragen wurde neben einer Literaturanalyse ein gemischter Methodenansatz angewandt, welcher eine qualitative sowie quantitative Beobachtung beinhaltete.

2 Grundlegende Begriffe und Theorie

Um die Forschungsfrage zu beantworten, werden vorab wichtige Begriffe im Zusammenhang mit dem multisensorischen Marketing erläutert.

Das Wort „sensual" basiert auf dem lateinischen Wort sensus, welches „Sinn" bedeutet. Außerdem wird es von dem lateinischen Wort sensualis abgeleitet, das als sensorisch interpretiert werden kann. Der Begriff „multi" stammt von dem lateinischen Wort „multus", das mit den Wörtern „viel" oder „zahlreich" übersetzt wird (Oxford Dictionaries 2018a; Oxford Dictionaries 2018b). Das Wort „multisensual" umfasst daher mehrere, jedoch mindestens zwei, menschliche Sinne. Mit dem Begriff „Marketingmaßnahmen" werden alle Marketinginstrumente, -aktivitäten und -projekte verstanden, die von Marketingfachleuten und Unternehmen eingesetzt werden, um ein bestimmtes Marketing- oder Unternehmensziel zu erreichen.

Im folgenden Kontext werden multisensuale Maßnahmen als Marketingaktivitäten, die in Verbindung mit den fünf Sinnen des Menschen stehen, definiert. Die Begriffe multisensual und multisensorisch werden hierbei als Synonyme verwendet. Je nach Sichtweise, Strategie und Kultur eines Unternehmens gibt es verschiedene Definitionen für den Begriff Marketing. So kommt es, dass Marketing für einige Unternehmen zu den Schlüsselabteilungen zählt, wohingegen andere Manager eine Marketingabteilung als „nice to have" aber nicht als unbedingt notwendig ansehen. Darüber hinaus gibt es auch von Ökonomen keine einheitliche Definition für die Disziplin „Marketing" (Opresnik & Rennhak 2016). Jedoch weisen die meisten Definitionen auf die Notwendigkeit hin, bei allen Aktivitäten und Prozessen die Bedürfnisse der Kunden in den Fokus zu stellen, um die Kundenzufriedenheit und folglich das Unternehmensziel zu erreichen. Um die Bedürfnisse der Kunden zu befriedigen, tauschen Unternehmen Waren und Dienstleistungen gegen Geld aus. Die American Marketing Association betont, dass die Interessen aller Interessengruppen (Stakeholder) des Unternehmens berücksichtigt werden müssen. Darüber hinaus schließt deren Definition neben den Transaktionen von gewinnorientierten Unternehmen, Markttransaktionen von Privatpersonen und gemeinnützigen Organisationen mit ein. Im Gegensatz dazu bezeichnet Meffert das Marketing als einen Managementprozess, der nur von Entscheidungsträgern des Unternehmens ausgehend ist. Schlussfolgernd bezeichnet der Begriff Marketing alle Aktivitäten und Prozesse, mit denen Unternehmen ihre Produkte oder Dienstleistungen erfolgreich am Markt platzieren möchten, um Unternehmensziele zu erreichen. Im Gegensatz zu der Definition des Marketings ist der Ursprung des Marketingbegriffs eindeutig. Der Begriff „Marketing" basiert auf dem englischen Sprichwort 'to go into the market' zu Deutsch „auf den Markt gehen". Den Bereich Marketing, wie wir ihn heute kennen, besteht seit fast sechs Jahrzehnten. Dieser Begriff hat sich mit der Zeit entwickelt und es kamen neue Begriffe, wie z. B. Neuro-Marketing hinzu. Hierbei werden aktuelle wissenschaftliche Erkenntnisse der Hirnforschung im Marketing angewandt, um die Bedürfnisse der Kunden zu verstehen und das Kaufverhalten der Kunden zu beeinflussen (Häusel 2014).

Voraussetzung für eine erfolgreiche Umsetzung von Marketingmaßnahmen sind die Bedürfnisse der Kunden zu kennen, zu verstehen und zu befriedigen. Bei der Umsetzung von Marketingaktivitäten ist die Strategie dahinter nicht zu vernachlässigen. Denn diese kann dafür verantwortlich sein, dass einige Marken, zum Beispiel Modemarken wie Nike, Adidas oder Levis erfolgreicher sind als andere Modemarken, obgleich diese ähnliche Kleidungsstücke, wie zum Beispiel T-Shirts anbieten. Grundlage für diese Marketingstrategie ist wie für alle Unternehmensaktivitäten, das Angebots- und Nachfragemodell. Dieses Modell zeigt die Grundlagen von Märkten, Transaktionen und deren Funktionalitäten auf. Auf dem Markt treffen Angebot (vom Verkäufer) und Nachfrage (vom Käufer) direkt aufeinander. Dadurch können Käufer Kundenbedürfnisse befriedigen (Burmann, Kirchgeorg & Meffert 2015). Kunden kaufen im Allgemeinen Produkte von Marken, die ihre Bedürfnisse am Besten erfüllen. Dabei werden Produkteigenschaften wie der Preis, die Qualität, das Design, sowie für den Kunden weitere ersichtliche Vorteile, wie zum Beispiel ein angenehmes Ambiente im Laden oder freundliche Verkäufer berücksichtigt. Um Kunden auf jene Produkte und Marken aufmerksam zu machen und sie davon zu überzeugen, bestimmte Produkte oder Dienstleistungen zu kaufen, spielt das Marketing eine entscheidende Rolle. Werden die Bedürfnisse der Zielgruppe richtig erkannt und verstanden, kann dem Kunden durch auf ihn zugeschnittene Marketingmaßnahmen, Produkte oder durch Dienstleistungen ein Mehrwert geboten werden (Armstrong, Kotler, Saunders & Wong 2011). Dieser Mehrwert kann zu einer längeren Kundenbeziehung führen. Abgesehen davon kann das Marketing die Nachfrage des Endkonsumenten in eine bestimmte Richtung lenken und das Verbraucherverhalten im Unterbewusstsein (implizit) beeinflussen. Zum Beispiel kann die Nachfrage nach einem neuen Produkt beeinflusst werden, indem dieses mit Marketingkampagnen beworben wird. Marketing trägt somit zum Gesamtziel des Unternehmens bei. Dieses ist Umsatz zu generieren.

Um die Marketingaktivitäten und Kampagnen zu strukturieren, kann die Marketingabteilung verschiedene Instrumente einsetzen. In diesem Zusammenhang sind die „7Ps" zu erwähnen, mit denen insbesondere kurzfristige, operative Marketingmaßnahmen strukturiert werden können. Es umfasst sieben Bereiche: Preis-, Produkt-, Kommunikation-, Distributions-, Ausstattungs- und Personalpolitik sowie die Prozesse. Im Englischen werden sie als folgende bezeichnet: price, product, promotion, place, physical evidence, people und process. Daher kommt der Begriff „7Ps" zustande. Hinter jedem Bereich sollte ein separates Marketingkonzept stehen, das einem Unterziel folgt. Zum Beispiel umfasst der Unterbereich „Physical Evidence" die fünf Sinne und multisensuale Marketingmaßnahmen. Die Verlängerung der Verweildauer der Kunden im stationären Handel könnte ein Ziel dieses Segments sein. Um die erwarteten Ergebnisse zu erzielen, sollten die Maßnahmen jedes Teilsegments, wie zum Beispiel multisensorische Marketingmaßnahmen zum Produkt, zur Zielgruppe und zum Markt passen. Darüber hinaus sollten alle sieben Unterziele und Segmente das gleiche Hauptziel verfolgen. Das „7Ps-Modell" zeigt, dass Marketing mehr als „nur Werbung" ist. Um erfolgreich zu sein, sollten alle Segmente der „7Ps-Modelle" berücksichtigt werden, wobei die Bedürfnisse der Kunden im Mittelpunkt stehen sollten (Brady et al. 2009). Des Weiteren sollten Marketingmaßnahmen regelmäßig an die Marktbedürfnisse und an die neuen wissenschaftlichen Erkenntnisse angepasst werden. Zum Beispiel sollte das Marketingkonzept durch neue wissenschaftliche Erkenntnisse zum Thema „Beeinflussung der Konsumenten im Unterbewusstsein" ergänzt werden. Diese stets durchdachte Marketingstrategie, die auf die Zielgruppen angepasst ist, ist einer der Gründe, warum manche Marken erfolgreicher sind als andere (Armstrong et al. 2011).

2.1 Entwicklung des Marketings

Nach dem zweiten Weltkrieg gab es in Deutschland bis 1960 einen Nachfrageüberschuss. Daher gab es mehr Käufer als Anbieter. Somit konzentrierten sich die Händler auf die Verteilung ihrer Produkte (Bruhn, Esch & Langner 2016; Opresnik & Rennhak 2016). Mitte der 1960er Jahre veränderte sich der Markt jedoch von einem Verkäufermarkt zu einem Käufermarkt. Auf dem Markt waren mehr Anbieter als Käufer zu finden. Aufgrund des stärkeren Wettbewerbs standen die Bedürfnisse der Käufer zunehmend im Fokus. Mit der Sättigung des Marktes in den 70er Jahren nahm die Bedeutung des Marketings zu (Meffert 2013; Opresnik & Rennhak 2016). Darüber hinaus verstärkten die zunehmende Globalisierung und kürzere Produktlebenszyklen die Bedeutung des Marketings in den 1990er Jahren. Die Unternehmen mussten daher die Rollen der Marketingabteilung überdenken und neue Marketingstrategien entwickeln, um sich von ihren Mitbewerbern abzuheben (Esch, Herrmann & Sattler 2017). Damals fand die Kommunikation nur aus einer Richtung statt, vom Unternehmen zu seinen Kunden. Heutzutage werden den Konsumenten beim Onlineshopping und durch die Möglichkeit, im Internet zu recherchieren und zu vergleichen, mehr Informationen zu Produkten und Preisen geboten. Dadurch ist die Preistransparenz gestiegen. Die Wirkung von Rabatten in stationären Geschäften als Kundenanziehung hat daher nachgelassen. Des Weiteren können stationäre Geschäfte aufgrund der unterschiedlichen Kostenstrukturen, die sich aus verschiedenen Geschäftsmodellen ergeben, nicht immer mit den Preisen von Online-Shops mithalten. Außerdem sind Kunden einer Informationsüberflutung ausgesetzt (Held & Scheier 2012). Daher müssen stationäre Geschäfte neue Marketingstrategien definieren, um auf sich aufmerksam zu machen, potenzielle Kunden anzuziehen und wettbewerbsfähig mit Online- und zugleich stationärer Konkurrenz zu bleiben. Die Kommunikation zwischen Unternehmen und Verbrauchern hat sich von einer Ansprache vom Unternehmen ausgehend hin zu einer Kommunikation und einem gegenseitigen Dialog entwickelt. Der Verbraucher spielt heutzutage eine aktive Rolle auf dem Markt, indem er Produkte online bewertet und Anderen empfiehlt (Burmann et al. 2015; Cian et al. 2016). So bot der Online-Shop Otto seinen deutschen Kunden im Winter 2017 einen Rabatt von 1 € pro Bewertung an. Dies zeigt, dass Onlineshops private Bewertungen bevorzugen, da sie vertrauenswürdiger erscheinen als Empfehlungen von Unternehmen.

Durch neue wissenschaftliche Erkenntnisse können Kaufentscheidungen von Konsumenten, die zum Großteil im Unterbewusstsein getroffen werden, besser verstanden werden. Diese Erkenntnisse können Unternehmen und Marketers dabei helfen, ihre Kunden mit Hilfe von multisensualen Marketingaktivitäten unbewusst zu beeinflussen. Beispielsweise erfasst das Eye-Tracking-Tool die Augenbewegungen des Kunden. Somit kann aufgezeigt werden, welches Objekt die Aufmerksamkeit des Konsumenten erregt (Homburg 2017). Während einige neue Marketingbereiche und -modelle weiterentwickelt wurden und neue hinzugekommen sind, wurden andere Modelle, wie die ökonomische Theorie des Homo oeconomicus, widerlegt. Nach dieser Theorie entscheiden sich Konsumenten aufgrund ökonomischer Aspekte bewusst für die beste Alternative. Jedoch ist heute bekannt, dass menschliche Entscheidungen von unbewussten Einflüssen gesteuert und beeinflusst werden und nicht von logischen oder rationalen Kompromissen (Held & Scheier 2012). Außerdem ist das „AIDA" Modell (Attention, Interest, Desire and Action) nicht mehr gültig. Laut mehreren Forschern und Marketers wie Esch oder Heath und Feldwick entspricht dieses nicht mehr den aktuellen Forschungsergebnissen aus der Psychologie und den Neurowissenschaften. Das „AIDA" Modell geht ferner davon aus, dass bewusste Aufmerksamkeit eine Voraussetzung für erfolgreiche Werbung ist. Es ignoriert die implizite Wahrnehmung sowie unbewusste Entscheidungsprozesse im Menschen. Jedoch wird dieses jahrhundertealte Modell noch heute in der Werbung und in Unternehmen praktiziert (Bruhn et al. 2016; Chlupsa 2017).

2.2 Beschreibung der fünf Sinne

Die fünf Sinne ermöglichen dem Menschen Einflüsse aus seiner Umwelt wahrzunehmen. Daher sind sie ein entscheidender Faktor im menschlichen Leben. Zu den fünf Sinnen gehören der visuelle Sinn (Sehsinn), der auditorische Sinn (Hörsinn), der olfaktorische Sinn (Geruchssinn), der haptische Sinn (Tastsinn) sowie der gustatorische Sinn (Geschmackssinn). Die Sinnesorgane beginnen sich im Mutterleib zu unterschiedlichen Zeitpunkten zu entwickeln. Erst nach der Geburt reifen die Sinne des Kindes vollständig aus (Grunwald 2017). Durch die Übertragung der fünf Sinne über das Gehirn können Menschen äußere Reize verarbeiten, speichern und kategorisieren. Zusätzlich helfen die fünf Sinne Einflüsse aus der Umwelt zu bewältigen und die notwendigen Informationen aus allen externen Einflüssen herauszufiltern (Schulze 2012; Grunwald 2017). Neben den Sinnesorganen sind die Wahrnehmung und weitere körperliche Faktoren wie Rezeptoren, Voraussetzungen für die Verarbeitung der fünf Sinne. Der Mensch nimmt die Reize aus der Umgebung durch jeden der fünf Sinne eigenständig wahr. Anschließend fasst das Gehirn alle einzelnen Einflüsse zusammen und erstellt einen Gesamteindruck der Situation (Kayser 2012; Schmitz 2015).

Tastsinn

Der Tastsinn zugleich haptische Sinn ist der erste Sinn, der sich im Mutterleib entwickelt, er begleitet den Menschen das ganze Leben lang (Hartmann & Haupt 2014; Grunwald 2017). Wenn eine Person etwas aktiv anfasst so spricht man von haptischer Wahrnehmung. Wird eine Person von einer anderen Person oder einem Objekt berührt, so wird dies als taktile Wahrnehmung bezeichnet. Über die Haut können durch das Berühren, Fühlen und Greifen von Objekten weitere Informationen über die Umgebung gewonnen werden. Ohne den Tastsinn könnten Menschen nicht existieren, so der Forscher Grunwald, der weiter erklärt, dass Menschen, ohne den diesen nichts von ihrer Existenz wüssten (Bruhn & Köhler 2010; Grunwald 2017). Manche Menschen berühren gerne Gegenstände, wobei Andere dazu kein Bedürfnis verspüren. Laut den Forschern, Nuszbaum oder Estes und Streicher hängt dieses Bedürfnis von dem individuellen „Need For Touch" (NFT) ab. Der NFT ist eine Skala, der das Interesse an der Berührung eines Objekts in Zahlen ausdrückt. Zum Beispiel werden Personen mit einem hohen NFT das Cover eines Buches streicheln, auch wenn sie darüber keine weiteren Informationen über den Inhalt des Buches erhalten (Betsch, Klauer, Nuszbaum & Voss 2010). Abgesehen davon betrachten Menschen berührte Objekte als subjektive Wahrheit, während Zweifel entstehen können, wenn etwas nur gesehen oder gehört wurde. Daher überprüfen Menschen mit ihren Händen das Gesehene (Hartmann & Haupt 2014; Estes & Streicher 2016). Zum Beispiel, kann ein Pullover weich aussehen, ob er dies ist, kann nur über das Anfassen überprüft werden. Zudem steigt die Wahrscheinlichkeit, dass sich Menschen an Objekte und Produkte erinnern, wenn sie sie berühren können (Hartmann & Haupt 2014; Schmitz 2015). Des Weiteren haben die Forscher Kahneman und Thaler festgestellt, dass Menschen Produkte als wertvoller betrachten, wenn sie dieses besitzen. Dabei reicht auch die Vorstellung, etwas zu besitzen und in den Händen zu halten aus, um diesen Effekt auszulösen (Hartmann & Haupt 2014; Schmitz 2015). Dieser Effekt wird als Endowment-Effekt bezeichnet. Ferner fanden Forscher fanden heraus, dass auch das Gewicht der Objekte eine Rolle spielt. So empfinden Menschen schwere Gegenstände wertvoller als leichtere (Hartmann & Haupt 2015; Grunwald 2017).

Geruchssinn

Mit Hilfe des Geruchssinns können Menschen die Umgebung mit der Nase durch das limbische System wahrnehmen. Das limbische System ist für die Verarbeitung von aufgenommenen Einflüssen verantwortlich. Darüber hinaus ist es für die Produktion von Glückshormonen zuständig und hilft Emotionen zu erzeugen (Kivioja 2016; Krishnaveni & Suresh 2017). Rund 75 % der menschlichen Gefühle werden durch das Riechen erzeugt (Corporate senses, 2013). Zum Beispiel erinnert der Geruch von Kiefernnadeln oder Zimt viele Menschen in Deutschland an Weihnachten. Dies wiederum ruft Gefühle hervor, die je nach den Erinnerungen an Weihnachten, gut oder schlecht sein können. Das Verknüpfen bestimmter Gerüche mit bestimmten Ereignissen ist ein, in der Kindheit erlerntes konditioniertes Verhalten. Dieses konditionierte Verhalten im Zusammenhang mit dem Geruchs- oder Geschmackssinn wird als Proust-Effekt bezeichnet (Schmitz 2015). Womit Menschen bestimmte Gerüche verknüpfen hängt von der Kultur und von der sozialen Umgebung einer Person ab. Heutzutage ist bekannt, dass Menschen etwa 10.000 verschiedene Düfte unterscheiden können (König, Mark & Walter 2003; BR 2017). Zudem stellte der Neurowissenschaftler John McGann unter anderem fest, dass Menschen genauso gut riechen können wie andere Säugetiere. Außerdem weist er darauf hin, dass die Geruchsleistung von bestimmten Inhaltsstoffen abhängt. So ist zum Beispiel die Geruchsleistung von Hunden besonders gut geeignet, um nach Sprengstoffen zu riechen (Devlin 2017). Jedoch ist zu beachten, dass sich Experten derzeit nicht einig sind, ob sich Menschen und andere Säugetiere tatsächlich auf dem gleichen Niveau der Geruchsleistung befinden (König et al. 2003; BR 2017). Es ist aber unbestreitbar, dass die menschliche Geruchsleistung in den letzten Jahrzehnten unterschätzt wurde. Die Wahrscheinlichkeit, dass sich Menschen an olfaktorische Eindrücke erinnern, ist bis zu 100-mal höher als bei visuellen oder haptischen Eindrücken (Goel & Pawaskar 2014). Wenn ein Kunde einen vertrauten Duft riecht, wird er sich an die Situation, in der er zuletzt diesen Geruch gerochen hat erinnert. Dies geschieht unbewusst und ohne Absicht. Erinnert der Duft den Konsumenten an eine bestimmte Marke oder an ein bestimmtes Produkt, so kann dies zu einer erhöhten Kaufwahrscheinlichkeit für ähnliche Produkte führen. Die über den Geruchssinn erzeugten Emotionen beeinflussen unbewusst das Verhalten des Menschen. Hierbei können Duftstoffe, die implizit wahrgenommen werden, einen größeren Effekt haben, als bewusst wahrgenommene Gerüche (Grewal et al. 2014). Das könnte dadurch erklärt werden, dass sich Konsumenten, die das Aroma bewusst wahrnehmen, vom Geschäft manipuliert fühlen. Infolgedessen könnten einige mit Skepsis reagieren (Gröppel-Klein & Kroeber-Riel 2013). Wenn eine Person in der Weihnachtszeit nach dem Riechen von Kiefernadeln Weihnachtsgeschenke kauft oder den Laden verlässt, weil sie den Geruch nicht mag, verdeutlicht dies, dass die Wahrnehmung von Gerüchen zu einer Reaktion führt. Ob eine Person ein Aroma als angenehm oder unangenehm empfindet, hängt von den Erinnerungen, die mit dem Aroma verbundenen sind und den Vorlieben einer Person ab (Einzmann 2012). Abgesehen davon stellten die Forscher fest, dass Düfte nur dann ein emotionales Erlebnis hervorrufen können, wenn das wahrgenommene Aroma dem Kunden bereits bekannt ist (Steiner 2017). Darüber hinaus spielt die Dosierung, wie bei allen sinnlichen Marketingmaßnahmen, eine wichtige Rolle im Duftmarketing. Eine Überdosis Parfüm kann dazu führen, dass ein Kunde den Laden, die Produkte und die Marke ablehnt. Es gibt mehrere Gerüche, wie muffige oder schimmlige Gerüche, die von der breiten Bevölkerung abgelehnt werden (Bruhn & Köhler 2010).

Zusammenfassend kann gesagt werden, dass Düfte eine anziehende oder abstoßende Wirkung auf den Menschen haben können. Daher sollten Unternehmen wissen, welche Düfte von den meisten Kunden akzeptiert werden und welche Assoziationen Düfte auslösen. Damit die beabsichtigte Wirkung von bewusst verwendeten Düften einsetzt, müssen olfaktorische und auditive Reize übereinstimmen (Bruhn & Köhler 2010). Zum Beispiel passt der Duft von Kokosnüssen nicht zum Weihnachtseinkauf, daher würde es den Verkauf von Weihnachtsartikeln nicht fördern. Ein Kokosnuss-Aroma in einem Reisebüro, das auf Karibik Urlaube spezialisiert ist, könnte jedoch die Buchungsrate erhöhen (Steiner 2017). Des Weiteren können sich Unternehmen mit Hilfe von Düften von ihren Konkurrenten distanzieren. Düfte können helfen, die Identität zu unterstreichen, die eine Marke, ein Produkt oder ein Unternehmen auszeichnet (Krishna 2010; Graakjaer 2015; Cian et al., 2016). Zum Beispiel versprüht das Textilunternehmen Abercrombie & Fitch seinen eigenen Duft namens Fierce in seinen Geschäften, um seine Unternehmensidentität zu unterstützen und sich von anderen Marken zu unterscheiden. Trotz der Vorteile der Verwendung von Duftstoffen setzen nur 3 % der Unternehmen Düfte als Marketinginstrument ein (Corporate senses 2013). Ein Grund könnte sein, dass bisher nur wenige Studien zum Duftmarketing und dessen Auswirkungen am PoS durchgeführt wurden (Kivioja 2016). Ein weiterer Aspekt könnte sein, dass die Umsetzung des Duftes hinsichtlich der Intensität des Geruchs kontrolliert werden muss.

Hörsinn

Nach dem Sehsinn nimmt der Hörsinn mit 11 % die zweithöchste Menge an Einflüssen auf (Braem 2001). Bei der Aufnahme von auditiven Einflüssen, können Menschen diese filtern und auswerten. So reagiert der Mensch auf wichtige Informationen während unwichtige Informationen ignoriert werden (Schulze 2012). Selbst, wenn mehrere Personen auf einmal sprechen, merkt ein Mensch immer, wenn sein Name genannt wird. Dieses Beispiel verdeutlicht die Filterqualitäten des Hörsinns der Menschen.

Musik kann das Verhalten und die Stimmung beeinflussen sowie Emotionen auslösen. Demzufolge kann eine anregende, genussvolle und ruhige Musik positive Emotionen hervorrufen (Krishna 2010; Cian et al. 2016). Das Hören von fröhlicher Musik kann die Laune verbessern. Darüber hinaus kann Musik die Wahrnehmung der Menschen von ihrer Umgebung beeinflussen. So kann angenehme und ruhige Musik den Stresspegel der Konsumenten verringern, der insbesondere in Einkaufssituationen besonders hoch sein kann (Krishnaveni & Suresh 2017). Außerdem kann Musik die Zeit beeinflussen, die der Verbraucher in einem Geschäft verbringt und es kann die Laufgeschwindigkeit der Kunden beeinflussen (Krishna 2010; Cian et al. 2016). Daher kann ruhige Musik zu mehr Zeit am PoS führen (Gröppel-Klein & Kroeber-Riel 2013). Im Vergleich dazu reduziert das Abspielen schneller Musik die Zeit, die die Kunden im Geschäft verbringen, um sich Kleidung anzuschauen und die Qualität bestimmter Artikel zu prüfen. So können Bekleidungsgeschäften dies nutzen, um billige Accessoires oder Produkte zu verkaufen (Rushkoff 2000). Darüber hinaus kann Musik die Produktbewertung sowie das Kaufverhalten beeinflussen. So haben Studien gezeigt, dass Kunden dazu tendieren teurere Produkte zu kaufen, wenn Läden klassische Musik abspielen (Bruhn & Köhler 2010; Ferreira, Moraes & Rimkute 2016). Dies ist der Grund, weshalb insbesondere in Juweliergeschäften klassische Musik läuft. Des Weiteren fanden Forscher heraus, dass der Kauf von französischem Wein gestiegen war, als ein Weinladen französische Musik spielte. Gleichzeitig wurde eine größere Anzahl deutscher Weine gekauft, als deutsche Musik gespielt wurde (Bruhn & Köhler 2010; Grewal et al. 2014). Dies verdeutlicht, wie Musik das Kaufverhalten lenken kann. Abgesehen davon, kann durch das Abspielen von Musik am PoS ein einzigartiges Einkaufserlebnis und eine Store-Identität geschaffen werden. Da Musik einfach in den PoS integriert werden kann, nutzen Unternehmen dieses Marketinginstrument seit über 50 Jahren, um eine bestimmte Atmosphäre in ihren Geschäften zu schaffen (Steiner 2014). Einige Unternehmen haben sich eigene Musik, Wiedergabelisten und Audioprofile erstellen lassen, die mit all ihren Geschäften übereinstimmen und ihre Unternehmensidentität hervorheben (Grewal et al. 2014; Steiner 2014). Der Grund, weshalb manche Unternehmen großen Wert auf eigene Audioprofile legen ist, dass positive Effekte, die durch den Einsatz von Musik als Marketinginstrument erzielt werden können, nur wirken, wenn die Musik zum Unternehmen, der Marke und dem Produkt perfekt passt. Das Bekleidungsgeschäft Abercrombie & Fitch spielt in den Filialen seine eigene Playlist. Da diese eine anregende Tanzmusik enthält, passt sie zu ihrer jungen Zielgruppe (Steiner 2014; Graakjaer 2015). Ferner ist es wichtig, dass die Musik in einem Geschäft zu jeder Abteilung passt. So sollte in einer Juwelierabteilung andere Musik wie im Jugendbereich abgespielt werden (Bruhn & Köhler 2010; Ferreira et al. 2016). Abgesehen davon haben Kunden unterschiedliche Musikgeschmäcker. Wenn Menschen die Musik am PoS als unangenehm einschätzen, führt dies zu einer noch negativeren Bewertung im Vergleich zu einer Situation, in der keine Musik am PoS gespielt wird. Kunden könnten das Gefühl haben, bewusst beeinflusst zu werden, und lehnen damit den Einfluss ab (Gröppel-Klein & Kroeber-Riel 2013).

Sehsinn

Durch den visuellen Sinn kann der Mensch seine Umgebung erkennen und schnell einen Überblick über sein Umfeld erhalten. 83 % aller Signale werden von den Augen wahrgenommen (Kenning 2014; Briesemeister 2016). Somit nimmt der Sehsinn die meisten Signale aller fünf Sinne auf. Dies könnte erklären, warum visuelle Aspekte seit vielen Jahren in Marketingkampagnen fokussiert werden. So konzentrieren sich die meisten Kampagnen auf Anzeigen in Zeitungen, Zeitschriften oder im Fernsehen. Der erste dokumentierte bewusste Einsatz von visuellem Design als Marketinginstrument wurde bereits im Jahr 1890 von Frank Baum, einem der ersten Ladengestalter, dokumentiert. Mit Hilfe von Lichtdesign, Glasspiegeln und Farben versuchte er, emotionale Reaktionen des Verbrauchers hervorzurufen (Rushkoff 2000). Neben dem Lichtdesign oder den verwendeten Farben kann der visuelle Sinn durch Werbung, Shop Design, Ladeneinrichtung, Dekoration und die Präsentation von Produkten angesprochen werden. Auch die Verpackung spielt eine große Rolle. Neben den funktionalen Aspekten von Einkaufstaschen, das Schützen von gekauften Artikeln vor Schmutz und Beschädigungen, kann mit einem besonderen Aufdruck das Markenbewusstsein verbessert werden (Armstrong et al. 2011). Außerdem kann eine Einkaufstasche zu Differenzierung gegenüber dem Wettbewerb dienen und den Kunden an das Geschäft erinnern. Des Weiteren zählen Verkäufer und ihr Aussehen zu den visuellen Reizen. Da kein anderer visueller Aspekt menschliche Emotionen wie eine reale Person aktivieren kann, muss der Verkäufer zum Unternehmen passen. Zum Beispiel sollte die Kleidung und das Verhalten des Verkäufers den Werten des Unternehmens entsprechen. Einige Unternehmen, wie beispielsweise das Autovermietungsunternehmen Sixt, bieten ihren Mitarbeitern Business-Outfits an, die zum Unternehmen passen. Visuelle Aspekte können das Kaufverhalten der Kunden direkt beeinflussen. So neigen Kunden dazu, mehr Produkte zu berühren und mehr Zeit in einem Geschäft zu verbringen, wenn die Beleuchtung heller ist, so die Forscher Summers und Herbert. Sie fanden heraus, dass sich die Anzahl der berührten Produkte nach der Installation von zusätzlichen 500 Watt Beleuchtung in der Decke erhöhte (Grewal et al. 2014). Zudem geben die Forscher Bellizzi und Hitti an, dass die Farbe des Lichts die Kunden beeinflusst und die Kaufwahrscheinlichkeit erhöhen kann. Dies zeigt, dass ein gut durchdachtes Lichtkonzept am PoS unerlässlich ist. Darüber hinaus können Menschen Bilder einfacher und effizienter verarbeiten als Text. Dies liegt daran, dass Text kognitive Anstrengung, Konzentration und Aufmerksamkeit erfordert. Außerdem können Bilder und Farben Emotionen hervorrufen (Gröppel-Klein & Kroeber-Riel 2013). Wenn eine Person Schwarz trägt, kann dies mit Trauer, Eleganz oder „Anderssein" in Verbindung gebracht werden (Braem 2001). Im stationären Handel in Deutschland steht Schwarz mit Exklusivität im Zusammenhang, während Orange mit billigen Angeboten verbunden ist (Gröppel-Klein & Kroeber-Riel 2013; Grewal et al. 2014). Die Farbe Weiß wird in Deutschland mit Reinheit assoziiert, während in China Weiß mit Trauer verbunden wird (Briesemeister 2016). Dies zeigt, dass die Wahrnehmung von Farben von kulturellen Faktoren abhängt. Daher sollten Farben von Geschäften und Unternehmen sorgfältig ausgewählt und eingesetzt werden. Ferner sorgen Farben am PoS oder in Schaufenstern für Aufsehen. Insbesondere die Verwendung mehrerer Farben anstelle des Dekorierens in einer einzigen Farbe kann diesen Effekt verstärken. Studien von Bellizzi, Crowley und Hasty haben zudem herausgefunden, dass warme Farben am PoS die Kunden besonders gut ansprechen, dies gilt insbesondere für Massenware (Gröppel-Klein & Kroeber-Riel 2013). Um die Aufmerksamkeit der Kunden zu erregen und bestimmte Gefühle und Stimmungen in ihnen hervorzurufen, können Unternehmen bestimmte Farben in ihr Ladendesign am PoS integrieren oder zu ihrem Logo hinzufügen. Abgesehen davon konnten die Forscher Elder und Krishna beweisen, dass die Produktpräsentation für die Kaufabsicht entscheidend ist (Cian et al. 2016). Dies wird laut anderen Studien durch eine verstärkte Aktivierung des Gehirns hervorgerufen. Visuelle Reize wie Geschäfte oder Produktdekorationen können diese Aktivierung verstärken. Folglich kann dies zu einer Erhöhung der Kaufabsicht führen (Bruhn & Köhler 2010).

Geschmackssinn

Obwohl der Geschmackssinn umgangssprachlich als Geschmack bezeichnet wird, handelt es sich eigentlich um eine Wechselwirkung zwischen Geschmacks- und Geruchssinn. Durch die Zunge werden mit Hilfe des Geschmacksinns hauptsächlich Geschmacksrichtungen wie: umami, salzig, süß, sauer und bitter wahrgenommen. Neben diesen werden Geschmacksrichtungen wie auch Zimt durch den Geruchssinn wahrgenommen (Bruhn & Köhler 2010; Bauer-Delto 2012; Piqueras-Fiszman & Spence 2016). Ob eine Person den Geschmack eines bestimmten Lebensmittels oder Getränks mag, hängt unter anderem von erfahrenen Geschmäcken in der Kindheit sowie den kulturellen Aspekten und den bisherigen Erfahrungen ab. Wenn eine Person die Erfahrung gemacht hat, dass ein Gericht wie z. B. Pizza sättigt und gut schmeckt, wird diese Person es wieder essen. Dies liegt daran, dass das Gehirn den Geschmack von Pizza zum Beispiel mit Essbarkeit, Sättigung, und gutem Geschmack verknüpft. Im Vergleich dazu würde dieselbe Person nach dem Essen einer Pizza dieses Aroma mit Unbehagen assoziieren, wenn sie durch den Verzehr der Pizza schon einmal krank wurde (Bauer-Delto 2012). Folglich wird sie es möglicherweise nicht mehr essen. Dieses Verhalten schützt den Menschen vor dem Verzehr verdorbener oder giftiger Substanzen. Darüber hinaus spielt der Geschmackssinn eine wichtige Rolle im sozialen Leben des Menschen. Weltweit werden mit Speisen und Getränken besondere Veranstaltungen gefeiert. Da der Geschmackssinn eng mit dem Gedächtnis verknüpft ist, kann er beim Menschen starke Emotionen hervorrufen (Brown 2016).

Bei den meisten Marketingmaßnahmen im stationären Handel werden Kostproben jedoch vernachlässigt. Eine Erklärung könnten unterschiedliche Branchenschwerpunkte sein. In der Regel versuchen Geschäfte, ihren Kunden ein Produkt anzubieten, das zu ihrer Produktpalette passt. Feinkostläden verteilen beispielsweise kostenlose Häppchen. Dies macht es nicht einfach, den Geschmackssinn in die Textilindustrie einzuführen. Allerdings könnten neutrale Produkte wie Tee oder Kaffee von den Kunden allgemein gerne angenommen werden. Verschiedene Unternehmen, die nicht im Lebensmittelsektor tätig sind, wie zum Beispiel eine Bank in Kolumbien, haben erfolgreich Süßigkeiten in ihr Multisensuales-Marketing-Konzept aufgenommen (Bruhn & Köhler 2010; Bauer-Delto 2012; Brown 2016; Piqueras-Fiszman & Spence 2016). Darüber hinaus bietet das Unternehmen Rituals, das hauptsächlich natürliche Körperpflegeprodukte verkauft, seinen Kunden Tee an ihrem PoS an. Dies bietet eine einfache Möglichkeit, ein Geschmackserlebnis zu schaffen. Abgesehen davon werden nur 1 % aller wahrgenommenen Einflüsse über den Geschmackssinn aufgenommen

(Braem 2001). Außerdem wurde der Geschmackssinn im Vergleich zu den anderen vier Sinnen noch nicht ausreichend untersucht (Brown, 2016). Dies könnte einer der Hauptgründe dafür sein, dass sich Unternehmen hauptsächlich auf die Ansprache der anderen vier Sinne konzentrieren.

Das folgende Kreisdiagramm verdeutlicht, dass 83 % der Einflüsse über den Sehsinn wahrgenommen werden. Die verbleibenden vier Sinne tragen nur zu 17 % der menschlichen Wahrnehmung bei. Dabei ist zu beachten, dass die fünf Sinne bei jedem Menschen unterschiedlich aufgebaut sind. Daher ist die Bedeutung der fünf Sinne für jeden Menschen unterschiedlich. Werden mehrere Sinne gleichzeitig angesprochen, so steigert es die Wirkung bewusster und unbewusster Einflüsse. So kann die Wirkung bis zu 10-mal höher sein. Diese Verstärkung wird als Multisensory Enhancement bezeichnet.

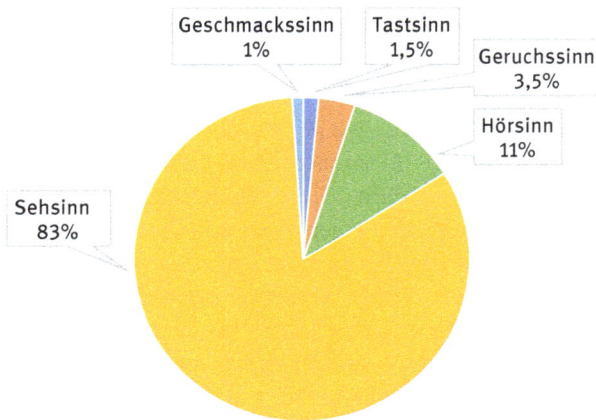

Abb. 1: Die menschliche Wahrnehmung (Quelle: Eigene Darstellung in Anlehnung an Braem 2001)

2.3 Bedeutung der fünf Sinne für das Marketing

Da Kunden in Deutschland mit Online- und Offline-Marketingaktivitäten überflutet werden, reagieren sie nicht mehr auf klassische Marketingkampagnen, wie digitale Banner und TV-Spots. So versuchen jedes Jahr mehr als 50.000 Marken in Deutschland, die Aufmerksamkeit der Kunden auf sich zu ziehen. Hinzu kommen mehrere tausend internationale Unternehmen. Folglich versuchen unzählige Websites, die Aufmerksamkeit der Online-Nutzer auf sich zu ziehen (Held & Scheier 2006). Abgesehen davon haben stationäre Geschäfte weniger als zwei Sekunden Zeit, um ihre Kunden von ihren Produkten zu überzeugen. Daher müssen neue Kampagnen eingesetzt werden, um die Aufmerksamkeit der Kunden auf sich zu ziehen. Dies ist wichtig, da Kunden nur Produkte kaufen können, die sie im Voraus bewusst oder unbewusst wahrgenommen haben (Gröppel-Klein 2007). Ein Hinweis darauf, ob ein Kunde einen Artikel wahrgenommen hat, ist beispielsweise, wenn er sie berührt. Zahlreiche Studien haben gezeigt, dass die Aufmerksamkeit der Kunden durch die fünf Sinne unbewusst beeinflusst werden kann (Bruhn& Köhler 2010; Gröppel-Klein & Kroeber-Riel 2013; Grewal et al. 2014; Goel & Pawaskar 2014; Cian et al. 2016; Kivioja 2016).

Die Studie der Forscherin Gröppel-Klein weist zudem auf einen Zusammenhang zwischen der Kaufwahrscheinlichkeit und der Anzahl der Produkte hin, die die Aufmerksamkeit des Kunden im vornherein erregt haben (Bruhn & Köhler 2010; Gröppel-Klein & Kroeber-Riel 2013). Des Weiteren konnten andere Forscher den positiven Zusammenhang zwischen der Umsetzung der Sinne als Marketinginstrument und einer Umsatzsteigerung bestätigen (Grewal et al. 2014; Goel & Pawaskar 2014; Cian et al. 2016; Kivioja 2016). So schickte das Kreuzfahrtunternehmen AIDA 60.000 gedruckte Mailings an ihre Bestandskunden. Die Hälfte war multisensorisch und die andere Hälfte enthielt ausschließlich visuelle Werbung. Die multisensorische Mail enthielt ein kleines, weiches AIDA Tuch, das mit einem Aroma, welches nach Sonnencreme duftete, besprüht wurde. Dadurch konnte die Buchungsrate erhöht werden. So wurden 41 % mehr Reisen von Kunden gebucht, die einen Brief mit AIDA Tuch erhielten, im Vergleich zu den Kunden, die ein normales Mailing erhielten (Hartmann & Haupt 2015). Betrachtet man die Vorteile bei Einsatz des haptischen Sinns als Marketinginstrument, so kann der Vorteil des Endowment-Effekts genannt werden. Er zeigt, dass der wahrgenommene Wert von Produkten erhöht werden kann, wenn Menschen die Produkte berühren. In Bezug auf den Geruchssinn und den Hörsinn zeigten Studien, dass die Zeit, die am PoS verbracht wird zunimmt, wenn der Geruchs- oder Hörsinn als Marketinginstrument eingesetzt wird. Bei der Implementierung von Duft als Marketinginstrument erhöht sich die Aufenthaltsdauer um fast 16 % (Schmitz 2015). Die Zeit, die Kunden am PoS bleiben, ist wichtig, weil ein Kunde, der länger am PoS verweilt, mehr Gegenstände berührt. Daraus wird abgeleitet, dass die Wahrscheinlichkeit steigt, dass er oder sie mehr Produkte kaufen wird. Die Umsetzung des Geruchssinns als Marketingmaßnahme kann das Umsatzwachstum unterstützen. In Bezug auf Studien kann die Kaufwahrscheinlichkeit durch Sprühen von Duftstoffen am PoS um fast 15 % erhöht werden (Schmitz 2015; Kivioja 2016). Darüber hinaus haben mehrere Forschungen gezeigt, dass die Implementierung von Gerüchen am PoS die Bewertung von Geschäften und Produkten verbessert (Kivioja 2016). Die Ansprache des Hörsinns kann die Produktbewertung und die Bewertung des PoS verbessern. Dies liegt daran, dass Musik die Stimmung unbewusst positiv beeinflussen kann (Gröppel-Klein & Kroeber-Riel 2013). Daneben spielt auch das Design des PoS eine wichtige Rolle. So kann das Ambiente des Shops den Kunden inspirieren und die Kaufabsicht unterstützen. So konnten Elder und Krishna in Forschungen beweisen, dass die Produktpräsentation und die Anordnung von Produkten für die Kaufabsicht entscheidend ist. Abgesehen davon sind Kunden von Unternehmen, die multisensuales Marketing einsetzen, mit ihrer Kaufentscheidungen zufriedener und die Markenbindung ist höher (Krishna 2010; Hartmann & Haupt 2015; Kivioja 2016). Da jeder Sinn für jede Person eine andere Bedeutung hat, steigt die Wahrscheinlichkeit, dass alle Kunden angesprochen werden, indem alle fünf Sinne angesprochen werden. Darüber hinaus könnte ein Einkaufserlebnis geschaffen werden, indem alle Sinne angesprochen werden. Dies könnte zur Kundengewinnung führen und bestehende Kunden binden. Zudem könnte es eingesetzt werden, um ein Unternehmen von seinen Wettbewerbern in der Textilindustrie in Deutschland abzuheben. Abgesehen davon, ob Unternehmen bewusst Botschaften senden oder nicht, jeder Mensch, jede Marke und jedes Unternehmen sendet sie (Hartmann & Haupt 2015).

Bekleidungsgeschäfte sollten daher eine multisensorische Strategie entwickeln, um das Verbraucherverhalten bewusst in die richtige Richtung zu lenken. So hat die Textil- und Bekleidungsmarke Nike ein Einkaufserlebnis namens Nike-Town in Berlin geschaffen. Auf diese Weise können Kunden Nike mit allen fünf Sinnen durch Lichtshows oder Umkleidekabinen, die wie Flugzeuge aussehen, erleben (Absatzwirtschaft 2000). Die Automobilindustrie, beispielsweise BMW setzt seit Jahren multisensuale Marketingmaßnahmen bewusst ein. Zum Beispiel gehört die Verwendung von Tönen, Klängen und Geräuschen durch BMW, etwa wenn die Autotüren oder der Kofferraum geschlossen werden, zu einer durchdachten Audio-Marketingstrategie. Weitere Beispiele, die zeigen, wie sensorisches Marketing in der Automobilindustrie angewendet wird, sind das haptische Gefühl des Fahrzeuginnenraums sowie der Geruch eines brandneuen Autos (Hilton 2015). Daher stellt sich die Frage, ob multisensuale Maßnahmen bereits als Marketinginstrumente in der Bekleidungsindustrie und in stationären Bekleidungsgeschäften in Deutschland eingesetzt werden. Eine weitere Frage ist, ob diese Maßnahmen die Anzahl der berührten Produkte am PoS erhöhen, da dies wichtige Verkaufsvorteile haben kann.

3 Angewandte Methodik

In dieser Studie wurden Daten aus der Primär- und Sekundärforschung verwendet. Bei der Primärforschung werden die Daten eigenständig gewonnen, wohingegen die Verwendung von Daten, die Andere gewonnen haben, zu der Sekundärforschung zählt. Als Grundlage dieser Studie diente Sekundärforschung. Hierbei wurden bereits vorhandene Daten, wie zum Beispiel Statistiken, Fachliteratur und Bücher analysiert und verarbeitet. Zudem wurde ein gemischter Methodenansatz angewandt, der eine qualitative sowie eine quantitative teilnehmende Beobachtung beinhaltete. Während einer teilnehmenden Beobachtung nimmt der Beobachter selbst in der Beobachtungssituation teil. Bei der qualitativen Beobachtung wird das beobachtete Subjekt, Objekt oder die Situation vom Beobachter beschrieben. Im Gegensatz dazu, werden bei der quantitativen Beobachtung nummerische Daten erfasst. So wurde bei der qualitativen teilnehmenden Beobachtung untersucht, ob Marketingmaßnahmen, die die fünf Sinne ansprechen, bei Scotch & Soda und H&M angewendet werden, während bei der quantitativen teilnehmenden Beobachtung die Anzahl der vom Kunden angefassten Produkte gezählt wurden. Dieser gemischte Methodenansatz ermöglichte es, unbewusstes Verhalten der Konsumenten zu beobachten.

4 Analyse der Ergebnisse

Scotch & Soda und H&M

Im Folgenden werden Scotch & Soda und H&M vorgestellt. Beide Firmen gehören zu der Bekleidungsindustrie und haben u. a. Geschäfte in München.

Scotch & Soda ist ein niederländisches Modelabel, das seinen Kunden hochwertige Kleidung mit individuellem Design, inspiriert von Ländern aus aller Welt, bietet. Es wurde 1985 von Harry Schofield, Leonard Feinblatt, Leonard Buzz und Laurent Hompes gegründet (Scotch & Soda 2017d). Obwohl Scotch & Soda Kleidung für Erwachsene und Kinder anbietet, werden im stationären Laden in München nur Kleidung für Erwachsene verkauft. Weltweit ist Scotch & Soda Mode in 150 Scotch & Soda Geschäften, in über 8.000 anderen stationären Geschäften und online erhältlich. In Deutschland betreibt Scotch & Soda 22 eigene Stores (Scotch & Soda 2017b; Scotch & Soda 2017d). Scotch & Soda erzielte 2017 einen Umsatz von 335,6 Mio. €. Der Umsatz stieg von Mai 2016 bis Mai 2017 um 3 %. Der Online-Umsatz erhöhte sich um 7 %. Im Vergleich dazu stieg der Umsatz der stationären Geschäfte um 22 %.

H&M das schwedische Modelabel Hennes und Mauritz, meist als H&M abgekürzt, wurde 1947 in Stockholm von Erling Persson gegründet (H&M 2016). Es bietet Mode und Schuhe für Frauen, Männer und Kinder an. Darüber hinaus verkauft es Dekorationsartikel für zu Hause (H&M 2017). H&M ist weltweit mit über 3.900 Geschäften in über 60 Ländern der Welt vertreten. In Deutschland gibt es über 450 Geschäfte (H&M 2016). Die Kleidung von H&M kann sowohl in stationären Geschäften als auch online gekauft werden. H&M steigerte seinen Umsatz von 2015 bis 2016 um 6 % (H&M 2016). Diese Steigerung in Höhe von ca. 192 Milliarden SEK entsprechen etwa 20 Milliarden Euro (Finanzen.net 2017). Es ist nicht bekannt, welcher Teil der Einnahmen von ihren stationären Geschäften erwirtschaftet wurde.

4.1 Qualitative Analyse bei Scotch & Soda und H&M

Bei Betrachtung der Bekleidungsgeschäfte in München ist es offensichtlich, dass das Design der Verkaufsräume im stationären Handel in den letzten Jahren an Bedeutung gewonnen hat. So haben mehrere Geschäfte ihre Ladenfläche erneuert. Da sich diese Forschung auf Scotch & Soda und H&M in München und auf multisensuale Marketingmaßnahmen konzentriert, wurde analysiert, inwiefern diese beiden Geschäfte die fünf Sinne ansprechen. Dabei wurden Damen- sowie Männerabteilungen betrachtet.

Die Tabelle unten zeigt, welche Gegenstände in der Studie genauer betrachtet wurden. Die Ergebnisse wurden schriftlich und mit Hilfe von Fotos dokumentiert. Im Folgenden werden einzelne Beispiele näher beschrieben.

Tab. 1: Umsetzung multisensuales Marketing bei Scotch & Soda und H&M

Beispiele	Umsetzung Scotch & Soda	Umsetzung H&M
Tastsinn: Kleiderbügel	– Unterschiedliches Design der Kleiderbügel für Damen und Herren – Material der Kleiderbügel: Damen: Kleiderbügel sind aus Metall und mit einem kleinen beweglichen Anhänger verschönert Herren: Die Kleiderbügel sind aus massivem Holz, wodurch sie schwerer als herkömmliche sind	– Einheitliches Design der Kleiderbügel für Damen und Herren – Material der Kleiderbügel: Leichtes Plastik
Geruchssinn: Parfüm	– Mit Hilfe einer automatisierten Parfümmaschine wird eigenes Parfüm namens „Barfly" am gesamten PoS versprüht – Waschpulver mit gleichem Duft wird verkauft (Russ 2016)	– H&M verkauft sein eigenes Parfüm – Parfüm wird nicht als multisensorisches Marketinginstrument am PoS eingesetzt
Hörsinn: Musik und Lautsprecherdurchsagen	– Playlist beinhaltet Musik aus der ganzen Welt, wie lateinamerikanische Lieder oder afrikanische Musik – Außerdem enthält sie vokal- und instrumental Musik – Die Lieder stammen von berühmten Sängern sowie von Newcomern (Scotch & Soda 2017a)	– Die Playlist von H&M beinhaltet mainstream Musik und Popmusik von weltberühmten Stars, wie z. B. Rihanna – In der Weihnachtszeit wurden hin und wieder Weihnachtslieder gespielt und die Kunden durch Lautsprecherdurchsagen zum Geschenkekauf animiert
Sehsinn: Anordnung der Kleidung	– Scotch & Soda sortiert die Kleidung nach Geschlecht, Konfektionsgröße, Produkttypen und Artikel – Es werden jeweils 3 gleiche Artikel (Kleidungsstücke) gestapelt. Der Stapel enthält die an meisten nachgefragten Größen. Bei Frauen S, M und L. Auf dem Stapel für Männer liegen M, L und XL. Alle anderen Konfektionsgrößen müssen vom Kunden nachgefragt werden	– H&M sortiert die Kleidung nach Geschlecht, Erwachsene und Kinder Darüber hinaus ordnet es die Kleidung nach ihrem Produkttyp (Bsp. Jeans, Kleid, T-Shirt) und Artikel – H&M präsentiert so viele Kleidungsstücke wie möglich
Geschmackssinn: Getränke oder Snacks	– Wird nicht angeboten	– Wird nicht angeboten

Quelle: Eigene Darstellung

Die qualitative Beobachtung zeigte, dass bei Scotch & Soda die fünf Sinne häufiger angesprochen werden, als dies bei H&M der Fall ist. Bis auf den gustatorischen Sinn werden bei Scotch & Soda alle fünf Sinne angesprochen. H&M verzichtet auch auf die Ansprache des Geschmacksinns sowie auf Marketinginstrumente, welche den Geruchssinn ansprechen. Zum Beispiel gibt es bei Scotch & Soda für Frauen und Männer unterschiedliche Kleiderbügel, wie in der obigen Tabelle beschrieben. Diese aufwendig gestalteten Kleiderbügel von Scotch & Soda wirken wertvoll und sprechen den haptischen sowie visuellen Sinn an. Die Aufmerksamkeit der Kunden kann dadurch erregt werden, da sie sich von herkömmlichen Kleiderbügeln unterscheiden. Im Vergleich dazu werden bei H&M einheitliche schwarze Kleiderbügel aus leichtem, billigem Plastik für Männer und Frauen verwendet. Wenn der Kunde die Eigenschaften des Kleiderbügels auf die Kleidung überträgt, so kann dies den wahrgenommenen Wert des Produkts im Fall von Scotch & Soda steigern oder wie bei H&M senken. Auch wenn H&M Parfüm im stationären Handel verkauft, wird dieses nicht als multisensuale Marketingmaßnahme eingesetzt. Bei Scotch & Soda wird Parfüm durch eine automatisierte Duftanlage im Laden versprüht. Dieses wurde speziell für Scotch & Soda kreiert. Daher passt es zum Unternehmen. Es unterstützt ihr Marketing-Konzept und kann die Kaufwahrscheinlichkeit beeinflussen.

Durch das Abspielen von Musik haben Unternehmen die Möglichkeit, an ihrem PoS eine bestimmte Atmosphäre zu schaffen sowie die Unternehmensidentität zu betonen. Des Weiteren kann Musik das Verhalten der Kunden beeinflussen. Zum Beispiel kann die Verweildauer der Kunden am PoS gesteigert werden und es kann zu einer höheren Kaufwahrscheinlichkeit führen. Scotch & Soda unterstreicht mit seiner Musik den international geprägten Stil des Ladens und der Kleidung. Da alle Kunden unterschiedliche Musikgeschmäcker haben, ist es unvermeidlich, dass einige Kunden diese Musik nicht mögen. Im Gegensatz dazu, spricht die Mainstream-Musik, die in H&M Läden gespielt wird, die breite Masse an und wird die meisten Geschmäcker der Kunden treffen. Abgesehen davon erinnert H&M seine Kunden in der Weihnachtszeit durch Weihnachtslieder und Lautsprecherdurchsagen daran Geschenke zu kaufen. Dies kann zu einer höheren Kaufquote führen. Die Musikkonzepte beider Unternehmen passen zu ihren Zielgruppen und Shop-Konzepten. Die Lieder beider Playlisten verbreiten eine fröhliche Stimmung. Beim Vergleich der Wiedergabelisten ist die von Scotch & Soda außergewöhnlicher. Bei Scotch & Soda werden nur wenige Kleidungsstücke pro Produkt präsentiert. Dies kann die Kaufwahrscheinlichkeit erhöhen, da die Kleidung dadurch exklusiv und knapp erscheint (Schröder 2012). Außerdem unterstützt dies den direkten Kontakt zwischen Verkäufer und Kunde, so eine Verkäuferin von Scotch & Soda. H&M präsentiert so viele Produkte wie möglich, wodurch die Ladenfläche nicht strukturiert und aufgeräumt wirkt. Die Kunden könnten dies als unordentlich empfinden oder sich sogar überfordert fühlen. Bei der Präsentation von Kleidungsstücken oder Produkten am PoS sollten Unternehmen sich bewusst sein, dass zu viele Produkte die Kunden überfordern und zu Stress führen können. Darüber hinaus kaufen Kunden nur Produkte, die sie wahrnehmen können (Bruhn & Köhler 2010). Geschmackerlebnisse in Form von Getränken oder Süßigkeiten werden in beiden Läden nicht angeboten.

Beim Vergleich der aus der Literatur abgeleiteten wissenschaftlichen Ergebnisse mit den Ergebnissen dieser Teilnehmerbeobachtung werden die folgenden Zusammenhänge und Schlussfolgerungen gezogen. Scotch & Soda verwendet mehr multisensorische Marketingmaßnahmen als H&M. Daher kann es mehr Vorteile nutzen, die diese mit sich bringen. Durch das Versprühen seines eigenen Duftes kann es sich beispielsweise von den Mitbewerbern distanzieren und seine Corporate Identity unterstützen. Abgesehen davon hat sich gezeigt, dass H&M sich auf klassische Marketingmaßnahmen wie gedruckte Zeitschriften konzentriert, während Scotch & Soda auf Printmedien verzichtet. So bietet H&M seinen Kunden verschiedene Zeitschriften an, wie z. B. aktuelle Kataloge oder Trend Reports. Auch wenn digitale Werbung fest im Content-Marketing verankert ist, schätzen Kunden gedruckte Werbung, da sie von Kunden als eine Art Abwechslung zu den täglichen digitalen Informationen, wie z. B. Newslettern wahrgenommen werden (Schmitz 2015). Zudem kann gedruckte Werbung ein haptisches Erlebnis schaffen. So können gedruckte Printmedien Unternehmen die Möglichkeit bieten, die Aufmerksamkeit von Kunden zu gewinnen

4.2 Quantitative Analyse bei Scotch & Soda und H&M

Bei den quantitativen teilnehmenden Beobachtungen wurde untersucht, wie oft ein Kunde ein Produkt im Beobachtungszeitraum anfasst. Insgesamt wurden 80 Kunden beobachtet. 40 Kunden wurden bei Scotch & Soda und 40 Kunden bei H&M beobachtet. Insgesamt wurden von der Autorin sechs Beobachtungen an drei Tagen durchgeführt, drei bei H&M und drei bei Scotch & Soda.

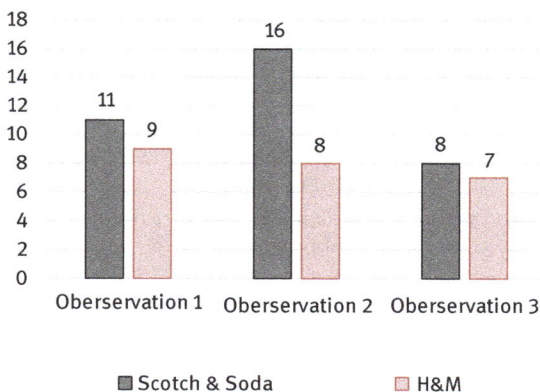

Abb. 2: Produktkontakthäufigkeit pro Beobachtung (Quelle: Eigene Darstellung)

Dabei berührten die Kunden von Scotch & Soda an allen drei Beobachtungstagen mehr Produkte. Besonders deutlich wurde der Unterschied am zweiten Beobachtungstag. An diesem Tag berührten die Kunden von Scotch & Soda durchschnittlich 16 Produkte. Im Vergleich dazu berührten H&M Kunden in der gleichen Zeit im Durchschnitt acht Produkte. Folglich berührten Scotch & Soda Kunden doppelt so viele Produkte. In beiden Geschäften war der zweite Beobachtungstag ein Mittwoch, der erste und dritte Beobachtungstag war ein Samstag. Am Mittwoch besuchten weniger Kunden die Läden als am Samstag.

In Anbetracht der Anzahl der von Scotch & Soda Kunden berührten Produkte schwankte die Anzahl an den Beobachtungstagen. Bei H&M war die Anzahl der berührten Artikel ähnlich hoch und unabhängig vom Tag, sie lag bei acht Produkten im Durchschnitt. Bei Scotch & Soda wurden im Durschnitt 12 Produkte pro Kunde angefasst.

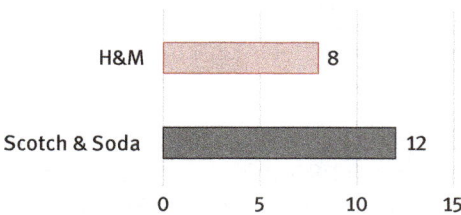

Abb. 3: Durchschnittliche Anzahl der Produktkontakthäufigkeit (Quelle: Eigene Darstellung)

Vergleicht man die aus der Literatur abgeleiteten Ergebnisse mit den Ergebnissen der quantitativ teilnehmenden Beobachtung, so können folgende Schlussfolgerungen gezogen werden. Durch das Anfassen und Fühlen der Kleidung am PoS entsteht in beiden Geschäften ein haptisches Erlebnis. Darüber hinaus kann das individuelle Bedürfnis des Kunden nach „Anfassen der Kleidung" erfüllt werden. Zudem kann der Endowment-Effekt entstehen, wenn Kunden die Kleidung für einen Moment „besitzen" können. Hierbei wird der berührte Gegenstand im Vergleich zu nicht berührten Gegenständen als wertvoller empfunden. Folglich kann sich die Kaufwahrscheinlichkeit erhöhen. Darüber hinaus erinnern sich Kunden leichter an berührte Produkte als an nicht berührte Produkte (Schmitz, 2015). Da die Kunden bei Scotch & Soda mehr Produkte als die Kunden bei H&M berührten, ist die Wahrscheinlichkeit, dass sich Kunden von Scotch & Soda an die Kleidung und Marke von Scotch & Soda erinnern, höher. Außerdem kann Vertrauen in die Qualität und Marke durch das Berühren von Produkten aufgebaut werden. Schlussfolgernd ist die Wahrscheinlichkeit, dass Kunden Scotch & Soda und dessen Produkte vertrauen um ein Vielfaches höher (Grunwald 2017). Um Beobachtungs- und Beurteilungsfehler zu vermeiden, die bei einer teilnehmenden Beobachtung auftreten können, wurden einige Gegenmaßnahmen ergriffen. Beide Geschäfte wurden an denselben Wochentagen untersucht. Darüber hinaus wurden sie zur gleichen Tageszeit beobachtet, um ähnliche Besucherzahlen sicherzustellen. Zudem wurde der Beobachtungszeitraum über mehrere Tage verteilt, um einen größeren Gesamteindruck zu erzielen. Des Weiteren wurden die Erkenntnisse aus den Beobachtungen detailliert dokumentiert, sodass die drei wissenschaftlichen Prinzipien Objektivität, Gültigkeit und Zuverlässigkeit, bei der Erhebung von Daten, eingehalten wurden.

Die detaillierte Dokumentation reduzierte die Interpretationsmöglichkeiten der Beobachtungsergebnisse. Außerdem wurden Notizen gemacht, nachdem eine Person den Laden verlassen hatte, sodass die beobachtete Person nicht merkte, dass sie beobachtet wurde. Dies erlaubte der Autorin, unbewusste Verhaltensweisen in einer täglichen Situation zu beobachten.

5 Schlussfolgerungen und Handlungsempfehlungen

5.1 Schlussfolgerungen

Die Forschungen in dieser Studie fokussierten den stationären Bekleidungshandel in Deutschland. Dabei wurde der stationäre Handel von H&M und Scotch & Soda näher betrachtet. Daher lassen sich die Erkenntnisse vor allem im stationären Bekleidungshandel, in kleineren Boutiquen, Bekleidungsketten wie H&M oder in Bekleidungskaufhäusern in Deutschland umsetzen. So kann der Einsatz von multisensorischen Marketingmaßnahmen als Differenzierungsmerkmal zum Onlinehandel sowie zu stationären Händlern genutzt werden und dadurch die Wettbewerbsfähigkeit erhöht werden. Außerdem kann ein Mehrwert im Vergleich zum Onlinehandel für den Kunden am PoS geschaffen werden, die Aufmerksamkeit des Kunden gewonnen sowie die Kaufentscheidung des Kunden im Unterbewusstsein beeinflusst werden. Dies kann zu einer Umsatzsteigerung führen, wodurch stationäre Bekleidungshändler marktfähig bleiben könnten.

Die Forschung beschäftigt sich mit der Frage, ob multisensuale Marketingmaßnahmen den Produktkontakt in der Textilindustrie in Deutschland beeinflussen. Daher wurde in dieser Studie untersucht, ob multisensuales Marketing das Marketing am PoS in der Bekleidungsindustrie beeinflusst. Außerdem wurde untersucht, ob diese Marketingmaßnahmen die Anzahl der angefassten Produkte beeinflussen. Zur Beantwortung dieser Fragen wurde ein gemischter Methodenansatz angewandt, der qualitative und quantitative teilnehmende Beobachtungen beinhaltete, die in den Bekleidungsgeschäften Scotch & Soda und H&M in München durchgeführt wurden. Die qualitative Beobachtung untersuchte, ob Marketingmaßnahmen, die die fünf Sinne ansprechen, in Scotch & Soda und H&M angewendet werden. Die Untersuchung ergab, dass Scotch & Soda die meisten der fünf Sinne anspricht. Nur der Geschmackssinn wird nicht angesprochen. Der haptische Sinn wird zum Beispiel durch schwere Holzbügel angesprochen. Darüber hinaus setzt Scotch & Soda Duftmarketing durch Sprühen seines Parfüms am PoS ein. Durch das Spielen von Musik, die aus verschiedenen Ländern und Kontinenten stammt, unterstreicht Scotch & Soda ihr internationales Markenimage. Die Beobachtungen der Marketingaktivitäten am PoS von H&M haben gezeigt, dass H&M drei der fünf Sinne anspricht, nämlich den haptischen Sinn, den visuellen Sinn und den Hörsinn. Durch das Angebot hochwertiger gedruckter Zeitschriften in Hochglanzpapier oder Recyclingpapier bietet H&M seinen Kunden ein haptisches und visuelles Erlebnis. Dies unterscheidet sich von Scotch & Soda. Der Geschmackssinn und der Geruchssinn werden durch das Marketing von H&M nicht angesprochen.

Zusammenfassend setzen beide Stores an ihrem PoS in Deutschland multisensuales Marketing ein. Dabei stehen das visuelle Marketing und das haptische Marketing in beiden Geschäften im Fokus. Da die fünf Sinne die Wirkung der anderen Sinne gegenseitig verstärken, könnten Scotch & Soda und H&M den Geschmackssinn einsetzen, um ihre Wirkungen noch stärker zu nutzen. Um die Frage zu beantworten, ob multisensorisches Marketing den Produktkontakt beeinflusst, zeigten die Ergebnisse der quantitativen Beobachtung, dass die Kunden von Scotch & Soda mehr Produkte berührten als die Kunden von H&M innerhalb des jeweiligen Beobachtungszeitraums. Da Scotch & Soda mehr multisensuale Marketingmaßnahmen anwendet und mehr Sinne anspricht, könnte dies ein Hinweis darauf sein, dass multisensuales Marketing den Produktkontakt beeinflusst. Genauer gesagt könnte es ein Indiz dafür sein, dass multisensuales Marketing die Anzahl der Produkte erhöht, welche die Kunden am PoS in der Bekleidungsindustrie in Deutschland berühren. Um zu beantworten, ob multisensuale Marketingmaßnahmen den Produktkontakt im Allgemeinen beeinflussen und um herauszufinden, ob diese Aussage in der Textilindustrie und in anderen Geschäften in Deutschland allgemein gültig ist, müssen weitere Untersuchungen durchgeführt werden. Zum Beispiel Beobachtungen, die die Blicke der Kunden genauer analysieren. Dies würde zeigen, welcher Gegenstand die Aufmerksamkeit der Kunden auf sich zieht. Zudem sollten weitere Studien zum Thema Need For Touch, durchgeführt werden. Diese würden zeigen, ob die Menge der berührten Produkte direkt mit dem NFT zusammenhängen. Zudem könnte aufgezeigt werden, ob es andere Gründe dafür gibt, dass manche Kunden weniger Produkte anfassen wie beispielsweise mangelndes Kundeninteresse. Zudem könnte zwischen Männern und Frauen unterschieden werden und mehr Geschäfte verschiedener Unternehmen der deutschen Bekleidungsindustrie könnten beobachtet werden.

Abgesehen davon zeigten die Untersuchungen zu dieser Forschung, dass der Einsatz des multisensualen Marketings in der Bekleidungsindustrie in Deutschland noch nicht selbstverständlich ist. Große Unternehmen der Bekleidungsindustrie und Bekleidungsmarken wie Nike haben jedoch bereits multisensuale Marketingmaßnahmen erfolgreich umgesetzt. Andere Branchen wie die Automobilindustrie nutzen seit Jahren multisensorisches Marketing. Dies deutet darauf hin, dass die Wirkung unbewusster Marketingaktivitäten von verschiedenen Unternehmen in Deutschland bisher unterschätzt wird. Des Weiteren hängt der Einsatz von multisensualen Marketing in der Textil- oder Bekleidungsindustrie möglicherweise von der Kultur oder dem Land ab.

Darüber hinaus sollten die Ausrichtung und Vision der Unternehmen berücksichtigt werden. Das Ziel von Scotch & Soda ist es, seinen Kunden spezielle, hochwertige Kleidung und ein Einkaufserlebnis zu bieten. H&M ist darauf ausgerichtet, seine Läden stetig zu erweitern und so viel wie möglich zu verkaufen, während Kleidung zu niedrigen Preisen angeboten wird.

In der Zukunft werden Onlineshops in der Bekleidungsbranche sicherlich weiterwachsen (Bundesverband E-Commerce und Versandhandel 2017). Wahrscheinlich wird es in Deutschland zukünftig nur stationäre Läden geben, die ihren Kunden einen eindeutigen Mehrwert gegenüber dem Onlinehandel bieten. Dieser Mehrwert kann eine professionelle, persönliche Beratung oder ein sensorisches Erlebnis wie eine Geschmacksprobe sein. Zudem wird es weiterhin die Geschäfte geben, die ihre Produkte nicht online verkaufen können. Alternativ könnte es sein, dass nur das mittlere Segment der stationären Bekleidungsgeschäfte in Deutschland verschwinden wird und niedrige Segmente, wie Discounter zugleich hohe Segmente, die Luxusmarken verkaufen, weiterhin existieren.

Eine andere Möglichkeit könnte sein, dass sich die meisten Bekleidungsgeschäfte in Deutschland aufgrund der wachsenden Nachfrage nach Alternativen zum Onlineshoppen in Erlebniswelten entwickeln. Der Erfolg von multisensualen Marketing für Unternehmen, neue wissenschaftliche Erkenntnisse und neue Disziplinen wie Neuroökonomie könnten diese Entwicklung noch verstärken (Bundesverband E-Commerce und Versandhandel 2017).

5.2 Handlungsempfehlungen

Durch den Einsatz multisensueller Marketingmaßnahmen können sich Bekleidungsgeschäfte in Deutschland von ihren Online-Konkurrenten unterscheiden. Dies bietet stationären Bekleidungsgeschäften in Deutschland die Möglichkeit, die Aufmerksamkeit der Kunden zu erregen und das Verhalten der Kunden unbewusst zu beeinflussen. So könnten Unternehmen ihre Marktposition ausbauen, bestehende Kunden binden oder neue Kunden gewinnen. Infolgedessen könnten die Umsätze steigen, und stationäre Bekleidungsgeschäfte könnten marktfähig bleiben. Außerdem könnte die Verlagerung der Kunden vom Offline- zum Online-Shopping verringert werden.

Daher sollten stationäre Bekleidungsgeschäfte multisensorische Marketingmaßnahmen einführen oder weiter ausbauen, um mit Online-Bekleidungsgeschäften und anderen stationären Bekleidungsgeschäften wettbewerbsfähig zu bleiben. Ferner werden nur 5 % aller wahrgenommenen Einflüsse bewusst wahrgenommen (Bruhn & Köhler 2010; Held & Scheier 2012). Daher sollte der Fokus der stationären Bekleidungsgeschäfte auf die implizite Beeinflussung der Kunden gerichtet sein. So könnte

Scotch & Soda seine Marketingaktivitäten in Deutschland durch gedruckte Medien wie Zeitschriften oder Kataloge erweitern. Dies würde ihr haptisches und visuelles Marketingkonzept vervollständigen. H&M sollte seine multisensualen Marketing-maßnahmen ausweiten. Dies könnte dazu beitragen, den sinkenden Einnahmen ent-gegenzuwirken. Beispielsweise könnte ihre Produktpräsentation attraktiver gestaltet werden. Die Kleidung könnte ordentlicher präsentiert werden und Kleiderbügel aus hochwertigeren Materialien wie Holz könnten verwendet werden. Des Weiteren könn-te H&M zu seinem Marketingkonzept Duftmarketing hinzufügen. Es könnte sich sein eigenes Parfüm kreieren lassen, welches perfekt zur Corporate Identity passt. Eine alternative Lösung wäre, das Parfüm, welches H&M auch in seinem Laden verkauft, im Laden zu versprühen. Durch das Versprühen von Duftstoffen am PoS könnte ei-ne bessere Atmosphäre geschaffen werden. Da die Ansprache aller Sinne zu einer verbesserten Wahrnehmung von Marken führt, sollten Bekleidungsgeschäfte alle Sinne ansprechen. Deshalb sollte H&M den Geschmack und den Geruchssinn in sein Marketingkonzept integrieren und Scotch & Soda sollte den Geschmackssinn in ih-re multisensorischen Konzepte einbeziehen. Um dem Geschmackssinn gerecht zu werden, könnten Scotch & Soda und H&M ihren Kunden heiße oder kalte Getränke anbieten. Außerdem könnten Süßigkeiten mit ihrem Markenlogo verteilt werden. Die-ses Geschmackserlebnis könnte bei den Kunden positive Gefühle hervorrufen und die Erinnerung an das Geschäft und die Marke erhöhen. Darüber hinaus würde dies ihre Corporate Identity stärken.

Literatur

Armstrong, G., Kotler, P., Saunders, J. & Wong, V. (2011). *Grundlagen des Marketing*. München: Pearson, 5. Aufl.
Bauer-Delto, A. (2012). Geschmackssache. *Gehirn & Geist Dossier (G&G)*, Vol. 2:60–63.
Betsch, T., Klauer, K. C., Nuszbaum, M. & Voss, A. (2010). Assessing Individual Differences in the Use of Haptic Information; Using a German Translation of the Need for Touch Scale. *Social Psychology (SP)*, Vol. 41(4):263–274.
Brady, M., Goodman, M., Hansen, T., Keller, K. L. & Kotler, P. (2009). *Marketing Management*. Edinburgh Gate: Pearson.
Braem, H. (2001). *Die Macht der Farben*. München: Wirtschaftsverlag Langen-Müller/ Herbig, 4. Aufl.
Briesemeister, B. (2016). *Die Neuro-Perspektive: Neurowissenschaftliche Antworten auf die wichtigsten Marketingfragen*. Freiburg: Haufe.
Brown, S. (2016). *Brands and Branding*. Thousand Oaks: SAGE Publications.
Bruhn, M., Esch, F.-R. & Langner, T. (2016). *Handbuch Controlling der Kommunikation: Grundlagen – Innovative Ansätze – Praktische Umsetzungen*. Wiesbaden: Springer, 2. Aufl.
Bruhn, M. & Köhler, R. (2010). *Wie Marken wirken: Impulse aus der Neuroökonomie für die Markenführung*. München: Vahlen.
Burmann, C., Kirchgeorg, M. & Meffert, H. (2015). *Grundlagen marktorientierter Unternehmensführung Konzepte – Instrumente – Praxisbeispiele*. Wiesbaden: Springer, 12. Aufl.

Chlupsa, C. (2017). *Der Einfluss unbewusster Motive auf den Entscheidungsprozess: Wie implizite Codes Managemententscheidungen steuern.* Wiesbaden: Springer.

Einzmann, S. (2012). Immer der Nase nach. *Gehirn & Geist Dossier (G&G)*, Vol. 2:56–59.

Esch, F.-R., Herrmann, A. & Sattler, H. (2017). *Marketing: Eine managementorientierte Einführung.* München: Vahlen, 5. Aufl.

Estes, Z. & Streicher, M. C. (2016). Multisensory interaction in product choice; Grasping a product affects. *Journal of Consumer Psychology (JCP)*, Vol. 26(4):558–565.

Ferreira, C., Moraes, C. & Rimkute, J. (2016). The effects of scent on consumer behavior. *International Journal of Consumer Studies (JCS)*, Vol. 40(1):24–34.

Graakjaer, N. (2015). *Analyzing Music in Advertising: Television Commercials and Consumer Choice.* Abingdon: Routledge.

Gröppel-Klein, A. (2007). Konsumentenverhaltensforschung am Point-of-Sale. *Magazine Forschung*, Vol. 2:14–19.

Gröppel-Klein, A. & Kroeber-Riel, W. (2013). *Konsumentenverhalten.* München: Vahlen, 10. Aufl.

Grewal, D., Puccinelli, N. M., Roggeveen, A.-L. & Spence, C. (2014). Store Atmospherics: A Multisensory Perspective. *Psychology and Marketing*, Vol. 37(7):472–488.

Grunwald, M. (2017). *Homo Hapticus: Warum wir ohne Tastsinn nicht leben können.* München: Droemer Verlag.

Hartmann, O. & Haupt, S. (2014). *Touch! Der Haptik-Effekt im multisensorischen Marketing.* Freiburg: Haufe.

Hartmann, O. & Haupt, S. (2015). Fifty Shades of Sense; Sinnvolle Markenkraft. *Marke41*, Vol. 3:16–21.

Häusel, H. G. (2014). *Neuromarketing. Erkenntnisse der Hirnforschung für Markenführung, Werbung und Verkauf.* Freiburg: Haufe, 3. Aufl.

Held, D. & Scheier, C. (2006). *Wie Werbung wirkt: Erkenntnisse des Neuromarketing.* Freiburg: Haufe.

Held, D. & Scheier, C. (2012). *Wie Werbung wirkt: Erkenntnisse des Neuromarketing.* Freiburg: Haufe, 2. Aufl.

Homburg, C. (2017). *Marketingmanagement: Strategie – Instrumente – Umsetzung – Unternehmensführung.* Wiesbaden: Springer, 6. Aufl.

Kayser, C. (2012). Das Auge hört mit. *Gehirn & Geist Dossier (G&G)*, Vol. 2:74–77.

Kenning, P. (2014). *Consumer Neuroscience: Ein transdisziplinäres Lehrbuch.* Stuttgart: Kohlhammer.

Kivioja, K. (2016). Impact of point-of-purchase olfactory cues on purchase behavior. *Journal of Consumer Marketing (JCM)*, Vol. 34(2):119–131.

Krishna, A. (2010). *Sensory Marketing: Research on the Sensuality of Products.* Abingdon: Routledge.

Krishnaveni, M. & Suresh, S. (2017). A Study on Sense, Feel, Think, Act, Relate Factors of Experiential Marketing in Retailing. *Transformations in Business & Economics*, Vol. 16(1):85–99.

Meffert, H. (2013). *Marktorientierte Unternehmensführung im Wandel: Retrospektive und Perspektiven des Marketing.* Wiesbaden: Springer, 2. Aufl.

Opresnik, M. O. & Rennhak, C. (2016). *Marketing: Grundlagen.* Berlin-Heidelberg: Springer.

Piqueras-Fiszman, B. & Spence, C. (2016). *Multisensory Flavor Perception: From Fundamental Neuroscience Through to the Marketplace.* Cambridge: Woodhead Publishing.

Schmitz, K.-W. (2015). *Die Strategie der 5 Sinne: Wie Sie mit Haptik Ihren Unternehmenserfolg nachhaltig steigern.* Weihnheim: Wiley.

Schröder, H. (2012). *Handelsmarketing: Strategien und Instrumente für den stationären Einzelhandel und für Online-Shops; Mit Praxisbeispielen.* Wiesbaden: Springer, 2. Aufl.

Schulze, H. (2012). Hören am Limit. *Gehirn & Geist Dossier (G&G)*, Vol. 2:32–37.

Steiner, P. (2014). Sound Branding: Beispiele aus der Markenführungspraxis. *transfer Werbeforschung & Praxis*, Vol. 60(2):52–58.

Steiner, P. (2017). *Sensory Branding: Grundlagen multisensualer Markenführung*. Wiesbaden: Springer, 2. Aufl.

Rushkoff, D. (2000). *Der Anschlag auf die Psyche; Wie wir ständig manipuliert werden*. München: Deutsche Verlags-Anstalt.

Internetquellen

Absatzwirtschaft (2000). Wissen: Themenmanagement; Wie Nike seine Marke in eine Erlebniswelt einführt. Verfügbar unter http://printarchiv.absatzwirtschaft.de/Content/_p=1004040,an=020020030,020020030;printpage, (Aufgerufen am 19.01.2019).

Bundesverband E-Commerce und Versandhandel (2017). Waren im E-Commerce-Hochrechnung; Volumina nach Warengruppen: 2015 vs. 2016. Verfügbar unter https://www.bevh.org/markt-statistik/zahlen-fakten/, (Aufgerufen am 01.12.2017).

BR (2017). Feines Näschen; Nase kann eine Billion Gerüche unterscheiden. Verfügbar unter http://www.br.de/themen/wissen/geruchssinn-gerueche-nase-100.html, (Aufgerufen am 30.11.2017).

Cian, L., Krishna, A. & Sokolova, T. (2016). The power of sensory marketing in advertising. Verfügbar unter http://www.sciencedirect.com/science/article/pii/S2352250X16000099?via%3Dihub (Aufgerufen am 31.10.2017).

Corporate senses, Institut für integrierte multisensorische Markenbildung (2013). Multisensorik: Ganzheitliche Ansprache durch Multisensory Branding. Verfügbar unter http://corporate-senses.com/sensory-branding/, (Aufgerufen am 31.10.2017).

Devlin, H. (2017). Not to be sniffed at: human sense of smell rivals that of dogs. Verfügbar unter https://www.theguardian.com/science/2017/may/11/not-to-be-sniffed-at-human-sense-of-smell-rivals-that-of-dogs-says-study, (Aufgerufen am 25.10.2017).

Finanzen.net (2017). Währungsrechner: Schwedische Krone – Euro (SEK in EUR). Verfügbar unter https://www.finanzen.net/waehrungsrechner/schwedische-krone_euro, (Aufgerufen am 30.12.2017).

Goel, M. & Pawaskar, P. (2014). A Conceptual Model: Multisensory Marketing and Destination Branding. Verfügbar unter http://www.sciencedirect.com/science/article/pii/S2212567114001944, (Aufgerufen am 28.10.2017).

Hilton, K. (2015). The Science of Sensory Marketing. Verfügbar unter https://hbr.org/2015/03/the-science-of-sensory-marketing, (Aufgerufen am 10.01.2018).

H&M (2016). H&M Annual Report 2016. Verfügbar unter https://about.hm.com/content/dam/hmgroup/groupsite/documents/masterlanguage/Annual%20Report/Annual%20Report%202016.pdf, (Aufgerufen am 26.12.2017).

H&M (2017). H&M. Verfügbar unter http://about.hm.com/en/brands/hm.html, (Aufgerufen am 30.12.2017).

König, J., Mark, I. & Walter, I. (2003). Quarks & Co; Die Welt der Düfte. Verfügbar unter https://www.uniklinikum-dresden.de/de/das-klinikum/kliniken-polikliniken-institute/hno/forschung/interdisziplinaeres-zentrum-fuer-riechen-und-schmecken/downloads/quarks.pdf, (Aufgerufen am 30.11.2017).

Oxford Dictionaries (2018a). Multi-. Verfügbar unter https://en.oxforddictionaries.com/definition/us/multi-, (Aufgerufen am 02.01.2018).

Oxford Dictionaries (2018b). Sensual. Verfügbar unter https://en.oxforddictionaries.com/definition/sensual, (Aufgerufen am 03.01.2018).

Scotch & Soda (2017a). Themas. Verfügbar unter https://www.scotch-soda.com/de/de/stories.html#campaigns-musik-idolevonmorgen, (Aufgerufen am 04.12.2017).

Scotch & Soda (2017b). Offizielle Scotch & Soda Stores. Deutschland. Verfügbar unter https://www.scotch-soda.com/de/de/stores/list, (Aufgerufen am 27.12.2017).

Scotch & Soda (2017c). Über Scotch & Soda. Verfügbar unter https://www.scotch-soda.com/de/de/about-us.html, (Aufgerufen am 29.12.2017).

Scotch & Soda (2017d). Ein paar Sätze über uns. Die Welt inspiriert uns, Amsterdam beflügelt uns. Verfügbar unter https://www.scotch-soda.com/de/de/a-bit-about-us.html, (Aufgerufen am 30.12.2017).

Statista (2017). Umsatz der deutschen Textil- und Bekleidungsindustrie in den Jahren 2005 bis 2016 (in Milliarden Euro). Verfügbar unter https://de.statista.com/statistik/daten/studie/256719/umfrage/umsatz-der-deutschen-textil-und-bekleidungsindustrie/, (Aufgerufen am 03.12.2017).

Russ, B. (2016). Scotch & Soda Barfly lanciert Waschmittel. Verfügbar unter https://fashionunitAuflagede/nachrichten/mode/scotch-soda-barfly-lanciert-waschmittel/2016111721248, (Aufgerufen am 30.12.2017).

Wagner, R. (2016). Weniger Firmenpleiten – aber höhere Gläubiger-Forderungen. Verfügbar unter https://de.reuters.com/article/deutschland-firmenpleiten-idDEKCN11K0IZ, (Aufgerufen am 01.12.2017).

Zusammenfassung

Diese vier Studien geben uns einen Eindruck davon, wie mächtig unsere multisensuale Wahrnehmung ist. Über viele Millionen Jahre der evolutionären Entwicklung hat sich in uns ein Wahrnehmungsinstrumentarium gebildet, das bis heute problemlos mit den Anforderungen der modernen Welt klarkommt. Obwohl wir seit vielen Jahren wissen, dass der ‚Homo oeconomicus' keine wirkliche Referenz mehr für die menschliche Entscheidungsfindung ist, kommen gerade Manager häufig nicht aus den gewohnten Ideen und Konzepten heraus. Denn viele Menschen glauben noch immer fest daran, dass zumindest bei Managemententscheidungen ‚rationale' Entscheidungen getroffen werden. Dass dies nicht so ist, konnte ich mit meiner Arbeit ‚Der Einfluss unbewusster Motive auf den Entscheidungsprozess – Wie implizite Codes Managemententscheidungen steuern' beweisen (Chlupsa 2017).

Häufig liegt der Fokus der Manager noch immer auf dem Preis, doch auch der Preis scheint aufgrund der aktuellen Forschungsergebnisse deutlich an Wichtigkeit einzubüßen. In einer Studie konnten der Neurowissenschaftler Kai-Markus Müller und ich zeigen, dass auch der ‚Wohlfühlpreis' eher durch ein implizites Gefühl bestimmt wird. Zu diesem Zweck führten Kai-Markus Müller und ich eine Versuchsreihe zum ‚Wohlfühlpreis' durch. Dabei haben wir Elektroenzephalografie (EEG)- und Reaktionszeiten-Messungen kombiniert, um am Beispiel von Latte Macchiato die implizite Wahrnehmung von Preisen zu zeigen (Chlupsa und Müller 2013; Chlupsa 2013).

Wenn also alle aktuellen Erkenntnisse der Verhaltensökonomie darauf hinweisen, dass die multisensuale Wahrnehmung ein wichtiger Schlüssel zur Kundenzufriedenheit und damit zum Erfolg ist, dann sollten wir diesen nutzen.

So zeigt die Studie von *Lisa Behrens* in Kapitel 1: *Das Bild der Marke: Die subjektive Wahrnehmung von Marken anhand der menschlichen fünf Sinne*, dass weitaus mehr Sinne als die von uns vermuteten zur Beurteilung von Marken herangezogen werden. So sind es eben auch im Bereich der Textilien Sinne, wie die Akustik, beispielsweise die Musik, die ein Unternehmen in Werbespots, im Internet oder im stationären Handel verwendet, die für den Erfolg einer Marke verantwortlich sind. Interessant an dieser Studie war aber auch, dass die Kunden den Textilmarken auch einen Geschmack zugeordnet haben, welchen die Unternehmen zur Markenführung nutzen können. Darüber hinaus gibt es aber eben auch Sinn, die bereits bekannten Sinne, wie die Visualisierung, auf die Farbgebung des Unternehmens hin einer kritischen Prüfung zu unterziehen. Fest steht: Die multisensuale Wahrnehmung bietet, unter dem Einsatz der richtigen Proben, eine Alternative zur bisherigen Markenpositionierung.

In Kapitel 2: *Der Duft der Kaufentscheidung: Wie Kunden auf den richtigen Geruch in Handel reagieren* zeigt *Anne Henning*, dass der Geruch ein entscheidender Faktor in Bezug auf unser Wohlbefinden ist. Durch die Einführung von Raumbeduftung im Einzelhandel ist es Unternehmen grundsätzlich möglich, sich von Wettbewerbern zu unterscheiden. Voraussetzung ist jedoch, dass der genutzte Duft situations- und ziel-

https://doi.org/10.1515/9783110700534-006

gruppenspezifisch ausgewählt wird. Darum sollten Unternehmen, die sich am Markt positionieren und weiterentwickeln wollen, sich mit neuen Strategien auseinandersetzen. Sinnvoll verwendete Duftstoffe in Verkaufsräumen können die Kundenaufenthaltsdauer sowie den Umsatz steigern. Dabei sollte die Raumbeduftung jedoch in ein ganzheitliches Konzept zum multisensualen Marketing eingebunden sein.

Die Forschung zu Kapitel 3 von *Lisa Maria Hindelang: Mit Duft den Erfolg steigern: Der Einfluss von olfaktorischen Reizen in der Bankenbranche* hat alle Erwartungen übertroffen. So waren wir zu Beginn der Studie selbst eher skeptisch und konnten uns selbst schwer von der Idee einer rationalen Entscheidung im Finanzsektor lösen. Basierend auf den vorangegangenen Studien wagten wir uns in die Finanzwelt vor und waren von den Ergebnissen mehr als erstaunt. Eine mehr als 90 %-ige Abschlussquote, bei einer Verdreifachung des Vertragsvolumens, hatten wir wirklich nicht erwartet. Unsere Studie liefert damit einen weiteren Beleg, dass gerade „harte" Faktenentscheidungen stark durch implizite Einflussfaktoren gesteuert werden.

Gerade Finanzdienstleister sollten sich im Zeitalter der Digitalisierung mit den Erkenntnissen aus der Verhaltensökonomie auseinandersetzen, um langfristig erfolgreich zu sein und letztlich auch überleben zu können. Eine barrierefreie, offene und aufwendig gestaltete Innenarchitektur läuft spätestens dann ins Leere, wenn Kunden die Bank nicht mehr besuchen. Jeder kann heute seine Bankangelegenheiten online abwickeln. Deshalb ist es so wichtig, den Kunden durch Erlebnisse und eine kompetente Beratung von sich zu überzeugen. Nur so erhält eine Bank loyale Kunden, die sich langfristig an ein Geldinstitut binden.

Mit der Forschung: *Durch Multisensualität mehr Erfolg im Einzelhandel: Der Einfluss von multisensuellen Marketingmaßnahmen im Textileinzelhandel* in Kapitel 4 zeigt *Jamila Sinnette* eindrucksvoll an zwei multinationalen Playern der Textilwirtschaft, wie erfolgreich eine gut gemachte Kundenansprache sein kann. Während H&M zum ersten Mal in der Firmengeschichte mit zahlreichen Filialschließungen konfrontiert ist, stehen die Zeichen bei Scotch & Soda nach wie vor auf Wachstum.

Es liegt auf der Hand, dass der Einsatz von multisensorischen Marketingmaßnahmen als Differenzierungsmerkmal zum Onlinehandel genutzt werden kann und dadurch die Wettbewerbsfähigkeit des stationären Handels erhöht. Abgesehen davon zeigt die Untersuchung, dass der Einsatz des multisensualen Marketings in der Textilwirtschaft noch nicht zur Norm geworden ist. Leider wird die Wirkung unbewusster Marketingaktivitäten von Unternehmen in Deutschland bisher völlig unterschätzt. Erfolgreiche Unternehmen wie Nike haben jedoch bereits den Wert multisensualer Marketingmaßnahmen erkannt. In Zukunft werden Onlineshops in der Bekleidungsbranche weiterwachsen (Bundesverband E-Commerce und Versandhandel 2017). Deshalb wird es zukünftig nur stationäre Läden geben, die ihren Kunden einen eindeutigen Mehrwert gegenüber dem Onlinehandel bieten. Dieser Mehrwert kann eine professionelle, persönliche Beratung in einem multisensorischen Markenerlebnis sein.

Zusammenfassend lässt sich sagen, dass die multisensuale Wahrnehmung zum heutigen Stand sowohl in der Forschung als auch in der Anwendung noch in den Kinderschuhen steckt. Fest steht auch, dass die Managerinnen und Manager, die das gewaltige Potenzial unserer unbewussten Wahrnehmung erkannt haben, die Gewinner sein werden. Die Forschungsergebnisse meiner Absolventen, Kollegen und mir können Ihnen aber bereits heute helfen, ein besseres Umfeld in Ihrem Unternehmen zu schaffen. Bisher richtete sich unser Forschungsinteresse maßgeblich auf die multisensuale Wahrnehmung von Kunden. In Zukunft werden wir uns aber auch dem Einsatz von Multisensualität in Büro- und Geschäftsräumen widmen. Einen ersten Einblick zum Thema habe ich bereits mit meinen beiden Professorenkollegen Nicolai Scherle und Markus Pillmayer vorgelegt (Scherle, Pillmayer, & Chlupsa 2018).

Wie auch in unserer Forschung rund um den ‚Wohlfühlpreis‘ geht es beim ‚Staging‘ um den Wohlfühlfaktor in Handel und Dienstleistung. Wir müssen unseren Kunden einen guten Grund geben, von der Couch aufzustehen und zu uns zu kommen. Ein zentraler Punkt ist neben dem Wohlfühlfaktor auch das Thema Vertrauen. Da Vertrauen gewonnen werden muss, ist die persönliche Interaktion mit dem Kunden ein nach wie vor völlig unterschätzter Faktor. Wieso veranstalten Produkthersteller Events und Golfturniere? Um Zeit mit ihren Kunden zu verbringen. In Handel und Dienstleistung bekommen wir den Kunden auf dem Silbertablett geliefert, nutzen diese Zeit aber höchst ineffizient!

Natürlich kaufen und nutzen Menschen Produkte und Dienstleistungen aufgrund von Marken. Aber zu einer ordentlichen Markenführung gehört eben wieder das Vertrauen. Deshalb ist das Vertrauen in die Mitarbeiter häufig der zentrale Dreh- und Angelpunkt. Investieren Sie in die Schulung und Weiterbildung Ihrer Mitarbeiter. Halten Sie ihnen, speziell in stressigen Zeiten, den Rücken frei, sodass Ihre Mitarbeiter einen guten ‚Job‘ am Kunden machen können. Entspannte und zufriedene Mitarbeiter – zufriedene Kunden. Das gilt für Hochschulen genauso wie für den Einzelhandel.

Ist Herr Pradler, der Inhaber ‚meines‘ Baumarkts, begeistert, wenn ich mich noch ewig lange mit seinen Mitarbeitern über Gott und die Welt unterhalte? Vermutlich nicht. Ist Herr Pradler begeistert, wenn ich ihm eine kaputte Grillabdeckung für ein paar Euro nach dem Winter zurückbringe? Vermutlich nicht! Aber Manager, die noch ganz nah am Kunden sind, wissen, dass man manchmal eine Schlacht verlieren muss, um den Krieg [um den Kunden] zu gewinnen. Und so schaue ich mir die Hornbachs und Bauhäuser dieser Welt auch lieber weiterhin von außen an.

Wie wir aufgrund unserer Forschungen feststellen konnten, ist Erlebniskonsum mehr als bunte Preisschilder. Erlebniskonsum muss nicht zwingend teuer sein. Sicher kann ein Outlet wie Nike-Town oder der Hanger-7 von RedBull nicht schaden. Aber schon kleine Konsumerlebnisse können große Wirkung entfalten. Wer schon einmal in der Türkei in einem Laden war, weiß, dass die Besitzer einem nach wenigen Minuten immer gerne einen Tee anbieten. In vielen Jahren des Handels hat sich dies als erfolgreich herausgestellt. Mittlerweile konnten Kollegen beweisen, dass das Trinken von Warmgetränken dazu führt, soziale Wärme zu empfinden. Der Verkäufer ist uns innerhalb von wenigen Sekunden sympathischer. Davon abgesehen erhalten kleine Geschenke die Freundschaft und es fällt uns schwerer, ‚nein' zu sagen. Falls Sie schon einmal in dieser Situation waren, werden Sie vermutlich festgestellt haben, dass Sie einen ‚super Deal' zu einem ‚super Freundschaftspreis' gemacht haben.

Sind die Verkäufer auf dem Bazar Schlitzohren? Ja vielleicht, aber eben clevere und nette. Ein Kollege von mir aus Istanbul, Professor İzzet Bozkurt, holt in jedem Semester einen Verkäufer vom Grand Market in Istanbul in seine Vorlesung, um den Studenten das kleine Einmaleins der Kundenkommunikation vor Augen zu führen. Vielleicht ist es in Ihrem Fall eine Espresso-Bar, ein Mitarbeiter, der Süßigkeiten verteilt, ein besonderer Duft während einer Behandlung oder ein eigenes Handtuch für den Besucher ihres Studios. Alle diese Ideen funktionieren bereits erfolgreich in Handel und Dienstleistung.

Wir haben festgestellt, dass die hochautomatisierten Algorithmen von Google, Netflix und Co. vieles können, aber den Menschen und Zusammenhänge wirklich verstehen können sie nicht. So wurde mir unlängst mein eigenes Buch von Amazon zum Sonderpreis angeboten. Viele Onlinehändler machen aber darüber hinaus wieder denselben Fehler wie der stationäre Handel in den vergangenen Jahren und setzen alles auf eine Karte ‚Online'. Ich komme nun wieder zurück auf meinen Studenten Timo F. Jahn und seine Diskussion „Stellt euch vor, der digitale Kanal wäre dicht!" Clevere Unternehmen wie Amazon haben die Zeichen der Zeit längst erkannt und setzen für die Zukunft auf einen sinnvollen Mix von Online- und ‚Offline-Vertrieb'. Der Onlinehandel bietet über Millionen von Einkäufen valide Zahlen über die ‚Renner' und ‚Penner' im Sortiment. Stationärer Handel und Dienstleistungen ermöglichen aber einen intensiven Kundenkontakt, Markenerlebnisse und die Möglichkeit, die Marke Amazon multisensual zu erleben.

Egal ob wir nun die jahrhundertealten Tricks der Verkäufer auf dem Bazar, unsere neuesten Forschungsergebnisse oder die ersten Gehversuche von Amazon im stationären Handel anschauen: Die Zukunft von Handel und Dienstleistung bestimmt der Mensch. Ein sinnlicher Mensch, der lebt, fühlt, hört, riecht, sieht und schmeckt. Ein Mensch, der die Welt mit allen Sinnen wahrnimmt und entdeckt. Deshalb sollten wir endlich anfangen, unsere Kunden ganzheitlich zu verstehen. Eben ein Leben mit allen Sinnen.

Die Zukunft ist multisensual!

Literatur

Breuninger (2019). Fakten und Historie. https://www.e-breuninger.de/de/unternehmen/
breuninger/. Zugriff am 28. November 2019.

Chlupsa, C. (2017). *Der Einfluss unbewusster Motive auf den Entscheidungsprozess – Wie implizite Codes Managemententscheidungen steuern*. Wiesbaden: Springer.

Davies, B. J. & Ward, P. (2002). *Managing retail consumption*. West Sussex: Wiley.

Günther, V. (2019). Warum auch Digitalagenturen auf Print setzen – Performance Marketing. *Horizont*. Online: https://www.horizont.net/marketing/nachrichten/performance-marketing-warum-auch-digitalagenturen-auf-print-setzen-178423. Zugriff am 28. November 2019.

Laureiro, N. (2015). Kundenbindung durch Erlebniswelten im Handel – Eine Analyse der Erlebniswelten und dessen Wirkung auf die Kundenbindung im stationären Einzelhandel. Master Thesis, BiTS-Hochschule, Iserlohn.

Scherle, N., Pillmayer, M. & Chlupsa, C. (2018). Arbeits- und Lebenskonzepte Coworking Ausgewählte Reflexionen aus diversitäts-, destinations- und marketingspezifischer Perspektive. In Pechlaner, Harald & Innerhofer, Elisa (Hrsg.), *Temporäre Konzepte- Coworking und Coliving als Perspektive für die Regionalentwicklung*, S. 130–141. Stuttgart: Kohlhammer.

www.ingramcontent.com/pod-product-compliance
Lightning Source LLC
Chambersburg PA
CBHW081520190326
41458CB00015B/5412